S0-EUR-459

Inbal Kashtan

Être parent avec son cœur

L'approche de la Communication NonViolente

Traduction de
Farrah Baut-Carlier et Anne Bourrit

jouvence
EDITIONS

Livres sur la CNV parus aux Éditions Jouvence

Éduquer sans punitions ni récompenses,
Jean-Philippe Faure, 2005

Nous arriverons à nous entendre !,
Marshall B. Rosenberg, 2005

Manuel de Communication NonViolente, Lucy Leu, 2005

L'empathie, le pouvoir de l'accueil,
Jean-Philippe Faure & Céline Girardet, 2003

La Communication NonViolente au quotidien,
Marshall B. Rosenberg, 2003

Pratique de la Communication NonViolente,
Wayland Myers, 1999

Les mots sont des fenêtres (ou des murs),
Marshall B. Rosenberg, 1999

les Clés de la CNV

Catalogue Jouvence gratuit sur simple demande.
ÉDITIONS JOUVENCE
Suisse : CP 184, 1233 Genève-Bernex
France : BP 90107 - 74161 Saint-Julien-en-Genevois Cedex
Site internet : **www.editions-jouvence.com**
E-mail : info@editions-jouvence.com

Version originale : *Parenting from your Heart* by Inbal Kashtan
© Copyright PuddleDancer Press, 2003

All rights reserved. Used with permission.
For further information about Nonviolent Communication[sm]
please visit the Center for Nonviolent Communication
on the Web at : www.cnvc.org

Mise en page : claudinecouture@tiscali.fr
Dessin de couverture : Jean Augagneur

© Version française, copyright Éditions Jouvence, 2006
ISBN 2-88353-475-6
ISBN 978-2-88353-475-9

Sommaire

« Le pouvoir sur » ou « le pouvoir avec » 9
L'empathie pour un enfant 13
Partager ses propres expériences 15
L'auto-empathie 17
Pourquoi prendre le temps d'établir des liens ? 20
   Exercice 1 : notions élémentaires 22
   Exercice 2 : traduction en CNV 25
Par-delà les luttes de pouvoir 26
Passer de l'auto-empathie à l'empathie,
puis à l'expression de soi 27
La créativité naît de la qualité
de la relation 31
Un mot sur le choix du moment 33
   Exercice 3 : transformer
   ses réponses habituelles 35
   Exercice 4 : choisir le moment du dialogue 38
Entendre le « oui » derrière un « non » 38
Un dialogue en CNV 40
Relier les stratégies aux besoins 43
Quelle différence cela fait-il d'entendre
« oui » ? 44

Exercice 5 : faire face au « non » 46
L'usage protecteur de la force 49
  Exercice 6 : envisager l'usage de la force 50
La CNV et le langage 51
  Exercice 7 : au-delà des mots 55
Faire de la médiation entre des enfants 57
La CNV avec deux tout petits 59
Servir de modèle aux enfants 61
Répondre aux besoins de chacun 63
  Exercice 8 : faire de la médiation
  entre des enfants 64
Les compliments 65
Passer des jugements aux observations 67
  Exercice 9 : gratitude et appréciation 70
Débuter en CNV 71
Reconnaître les différences entre enfants : 75
  Exercice 10 : les prochaines étapes 80
Être un parent pour la paix 81

Quelques besoins fondamentaux
que nous partageons tous 87
Pratiquer le processus de la CNV 89
Adresses 91
Inbal Kashtan en quelques mots 93

Introduction

Comment réagir face à notre fillette de deux ans lorsqu'elle prend le jouet de sa copine ? Que dire à un enfant de quatre ans qui refuse de laisser d'autres enfants descendre sur le toboggan ? Comment parler à un adolescent des tâches ménagères qui n'ont pas été faites – une fois de plus ? Comment protéger nos enfants lorsque leurs choix mettent leur sécurité en danger ? Quelles ressources sont susceptibles de nous aider à gérer notre colère, notre frustration ou notre douleur, lorsque la communication avec nos enfants est tendue, voire inexistante ?

En tant que parents, nous sommes constamment confrontés à des situations comme celles-là. Plus il y a d'enfants, plus les défis sont nombreux. Ajoutons-y les tensions liées au travail (ou au chômage), à l'argent (ou à l'absence d'argent), au temps, aux relations et à tous nos autres engagements, et le vase menace de déborder. Certains connaissent en outre le stress d'élever leurs enfants seuls, sans pouvoir s'appuyer sur un partenaire, sur une famille étendue ou sur une communauté. D'autres défis, multiples, se dressent encore à bien des parents. Rien d'étonnant à ce que ceux-ci aspirent à se faire aider, guider, réconforter ! Pourtant, lorsque nous consultons des ouvrages sur le rôle de parent, ou des spécialistes de ce domaine, leurs conseils sont souvent contradictoires et ne concordent pas nécessairement avec les valeurs et espoirs que nous nourrissons pour nos enfants et notre famille. Et même lorsque nous trouvons une idée que nous sommes prêts à essayer de mettre en pratique, il peut s'avérer extrêmement difficile de changer nos habitudes et nos schémas de fonctionnement dans nos relations.

Dans ce livret, je présente aux parents, ainsi qu'aux autres personnes qui sont en contact avec des enfants, une brève introduction concernant la contribution concrète et immédiate que la Communication NonViolente (CNV) peut apporter à l'exercice de leur rôle. En particulier, j'espère répondre aux parents qui aspirent à une relation plus profonde avec eux-mêmes, avec leur partenaire et avec leurs enfants, et qui désirent contribuer, à travers leur rôle de parents, à favoriser la paix dans le monde. Comme vous le verrez, la démarche que je présente ne se limite pas à des solutions immédiates, mais entre dans le monde de la transformation personnelle et sociale.

Ce livret explore une série de thèmes et de situations ; il propose dix exercices qui vous aideront à mettre en pratique ce que vous apprenez, à mesure que vous réorienterez ou adapterez vos méthodes parentales. Cependant, il ne se veut aucunement une exploration complète de la CNV et de la parentalité. De nombreux thèmes évoqués au cours de mes ateliers et de mes cours, sur les forums Internet consacrés à la parentalité en CNV, ou encore dans ma propre vie, ne sont pas abordés ici. Néanmoins, j'espère que ceux que je vous propose vous offriront quelques outils suffisamment concrets pour vous permettre d'approfondir votre relation avec vos enfants et qu'ils susciteront votre intérêt pour vous encourager à en apprendre davantage. Si vous choisissez de mettre certaines de ces idées en pratique et qu'elles apportent un changement dans votre vie de famille, je serais ravie de recevoir votre témoignage.

Vous trouverez un récapitulatif des étapes fondamentales de la CNV, ainsi que d'autres informations sur la CNV, à la fin de ce livret.

« Le pouvoir sur » ou « le pouvoir avec »

Lorsque les parents veulent que leurs enfants fassent quelque chose que ceux-ci refusent de faire, il est souvent tentant de forcer les enfants à obéir en exerçant l'énorme pouvoir physique, émotionnel et de contrôle dont on dispose, en tant qu'adulte (par contrôle, j'entends que les adultes ont un accès bien plus grand aux ressources de la société et une maîtrise supérieure de leur propre vie – et de celle de leurs enfants). Néanmoins, je suis convaincue qu'essayer de forcer un enfant à faire quelque chose qu'il ne souhaite pas faire n'est pas une solution efficace à court terme et ne contribue pas à satisfaire les besoins de la famille à long terme. (Seule exception : lorsque la santé ou la sécurité sont menacées, la CNV invite à faire usage de la force dans le but de protéger, et non de punir). En CNV, l'usage de la force pour imposer ce que nous voulons est qualifié de « pouvoir sur », par opposition à l'usage de la force dans le but de satisfaire les besoins de tous, que nous appelons le « pouvoir avec ».

Marie, une mère qui avait lu certains de mes articles, m'a posé une question qui concerne précisément notre tendance à profiter du contrôle dont nous disposons pour influencer le comportement d'un enfant (notez que le nom de toutes les personnes a été changé) : *Je marchande avec mon fils Noël, âgé de deux ans, en utilisant des récompenses et des sanctions, et parfois, cela me semble très efficace. Au moins, je parviens à lui faire faire ce que je veux, comme manger ce qui est servi dans son assiette. Seulement, cette façon d'agir me met un peu mal à l'aise. Y a-t-il un problème à utiliser les récompenses et les sanctions si elles fonctionnent ?*

Je crois sincèrement que les récompenses et les sanctions posent problème parce qu'il est rare qu'à long terme elles produisent les effets que nous espérons. En réalité, je crois que nous risquons toujours un retour de flamme. Marshall Rosenberg explore ce problème en posant aux parents deux questions : « que voulez-vous que votre enfant fasse ? » et « que voulez-vous que votre enfant ait comme motivation pour faire ce que vous lui demandez ? ». Les parents souhaitent rarement que leurs enfants soient motivés à agir par la peur des sanctions, la culpabilité, la honte, la contrainte, voire un désir de récompense.

À cet égard, lorsque j'entends des parents – ou des experts en parentalité – dire que les sanctions sont efficaces, je me demande souvent ce qu'ils veulent dire. Je crois que le terme « efficace » signifie généralement que les parents obtiennent l'obéissance de leurs enfants, c'est-à-dire que les enfants font ce que les parents leur disent de faire, au moins pendant un moment. Mais l'objectif (l'obéissance), autant que les moyens (les récompenses et les sanctions) se paient cher, plus tard. Ils ne font pas seulement intervenir la peur, la culpabilité, la honte, la contrainte ou un désir de récompense, ils s'accompagnent aussi, souvent, de colère ou de ressentiment. Et parce que les récompenses et les sanctions sont des motivations extrinsèques, les enfants en deviennent dépendants et perdent le contact avec leur motivation intrinsèque à combler leurs besoins et ceux des autres.

Je vois dans ce désir de répondre à ses propres besoins et à ceux des autres la raison intrinsèque la plus puissante et la plus joyeuse qui pousse les êtres humains à agir. Les enfants comme les adultes obéissent à cette motivation intrinsèque lorsqu'ils se sentent réellement reliés à eux-mêmes et à l'autre, qu'ils savent que leurs besoins comptent pour l'autre, et qu'ils sont libres de choisir de contribuer à la satisfaction de l'autre.

Si nous voulons que nos enfants puisent en eux-mêmes la motivation de faire ce que nous leur demandons, nous pouvons renoncer à faire preuve d'autorité et à imposer notre discipline, pour accorder autant d'attention que possible aux besoins de chacun à long terme. Il se peut que cela prenne plus de temps, sur le moment, parce qu'il sera nécessaire d'aller plus loin que le problème qui se pose et de se souvenir de ce qui est fondamental. Pourtant, cela vaut la peine d'investir un peu de temps. À long terme, les relations, la confiance et l'harmonie au sein de la famille y gagnent en profondeur, tandis que les enfants acquièrent des aptitudes puissantes et précieuses pour leur vie. Je suis convaincue que la plupart des parents trouvent ces objectifs bien plus attrayants et enthousiasmants que la simple obéissance.

En lieu et place des récompenses et des sanctions, la CNV propose trois points de départ pour se relier aux autres : offrir une écoute empathique, exprimer ses propres observations, sentiments, besoins et demandes, et se relier à soi-même par l'auto-empathie. Dans les trois sections suivantes, je vais explorer chacun de ces aspects dans le contexte de la question posée par Marie.

L'empathie pour un enfant

Écouter quelqu'un de façon empathique permet de le comprendre et de se relier à lui en profondeur. Au moment où elle s'approche de Noël, Marie peut partir de l'hypothèse que certains des besoins de son fils ne sont pas comblés. Même lorsqu'il s'agit d'un bébé ou d'un enfant qui n'est pas habitué au langage de la CNV, le papa ou la maman parviendra vraisemblablement à dénicher les besoins de son enfant.

Lorsque Noël repousse son assiette ou dit « non », Marie peut essayer de comprendre comment il se sent et quels sont les besoins qu'il essaie d'assouvir, au lieu de chercher à le faire changer d'attitude. En silence, elle peut se poser les questions suivantes : refuse-t-il de manger parce qu'il essaie de combler son besoin d'avoir du plaisir – est-ce qu'il n'aime pas son repas ? Est-il distrait par autre chose, et veut-il concentrer son attention sur ce qui l'intéresse ? Est-il contrarié parce qu'il a besoin d'autonomie – de choisir lui-même quoi et quand manger ? Peut-être n'a-t-il pas faim et est-il perturbé, parce qu'il a besoin de croire en sa capacité de reconnaître ce que lui dit son corps ?

Après s'être reliée mentalement aux besoins de son fils, Marie peut vérifier avec lui si ce qu'elle a tenté de deviner est juste. Par exemple, elle peut lui demander : « Es-tu frustré parce que tu préférerais manger autre chose ? » « Es-tu distrait ? Voudrais-tu te concentrer sur ton jeu ? » « Es-tu fâché parce que tu veux choisir toi le moment de manger ? »

Le parent peut s'adresser à son enfant dans un langage simple s'il craint que l'enfant ne comprenne pas. Cependant, il est important de se souvenir que les très jeunes enfants comprennent bien davantage que ce qu'ils sont capables de dire. De plus, en intégrant les sentiments et les besoins dans leur vocabulaire, les parents leur apprennent le langage émotionnel. Même si l'enfant ne répond pas, beaucoup de parents se rendent compte que le ton de leur propre voix et leur langage corporel ont changé, simplement parce qu'ils se sont reliés aux besoins de leur enfant – et qu'une lutte de pouvoir potentielle a été désamorcée. À présent, Marie peut envisager des stratégies susceptibles de combler les besoins des deux personnes en cause : elle et Noël.

J'encourage ceux d'entre nous qui offrent une écoute empathique à renoncer à leur objectif spécifique, qui est d'amener leur enfant à faire ce qu'ils lui demandent de la façon dont ils le veulent, et de s'attacher plutôt à établir une certaine qualité de lien avec celui-ci. En même temps, il est tout aussi important que les parents restent en contact avec leurs propres besoins. Marie peut envisager ce qu'elle a envie de faire différemment, le cas échéant, pour augmenter les chances de satisfaire les besoins de son fils sans pour autant renoncer aux siens. Pour intégrer les besoins de son enfant dans ses stratégies, elle peut décider de changer le menu quotidien, proposer les repas dans un endroit de la maison où son fils pourrait manger tout en jouant, en créant et en dégustant des plats rigolos, pleins de couleurs, préparés ensemble, et bien d'autres choses encore. Peu importe la stratégie, l'essentiel est de rester en phase avec ses propres besoins et ceux de son enfant. De cette façon, en prenant soin des besoins profonds de son enfant, elle prend aussi en compte les siens. Il n'y a finalement aucun conflit de besoins entre eux – ils ont simplement des stratégies et des priorités différentes à un moment donné.

Partager ses propres expériences

Lorsqu'on utilise la CNV, la priorité est de créer une qualité de lien permettant à chacun de pouvoir satisfaire ses besoins. Cela signifie qu'on peut parfois choisir d'être en empathie avec les besoins de l'enfant, et qu'à d'autres moments, on préfère concentrer toute l'attention sur la manière dont les parents s'expriment. Lorsqu'ils s'arrêtent pour réfléchir à ce qu'ils viennent d'exprimer, les parents découvrent souvent qu'ils ne font que répéter ce qu'ils veulent que leur enfant fasse (« Je t'ai dit d'arrêter de jouer et de manger ! »), alors que leur enfant n'est pas sur la même longueur d'onde. Au lieu de s'y prendre ainsi, les parents peuvent partager tout ce qu'ils vivent à cet instant. Ils peuvent décrire ce à quoi ils réagissent (par une observation), parler de leurs sentiments, de leurs besoins, et ensuite ajouter ce qu'ils attendent de leur enfant. La plupart d'entre nous – y compris les enfants – sont davantage prêts à tenir compte les uns des autres s'ils comprennent les sentiments et les besoins de l'autre, parce qu'ils se relient à l'être humain qui exprime une demande.

Lorsque Noël ne veut pas manger, Marie peut essayer de lui dire : « Lorsque je te vois rejeter la nourriture qui est sur la table et refuser de la mettre en bouche, je suis inquiète parce que j'aimerais aider ton corps à devenir fort et sain. Serais-tu d'accord pour manger ce qu'il y a dans ton assiette ? » Il y a ici une subtilité, car la plupart des êtres humains ayant un immense besoin d'autonomie – particulièrement lorsqu'ils craignent que leur besoin d'autonomie ne soit pas satisfait – il est possible que son fils refuse ! C'est exactement la raison pour laquelle je ne le contraindrais pas. J'ai la conviction que plus les enfants entendent d'exigences, moins ils ont envie de faire ce que les parents leur demandent. Il en résulte que ni les parents, ni les enfants ne profitent du plaisir que procurent la coopération et le respect mutuel. C'est pour cette raison que la réponse de Marie à ce refus est capitale pour nourrir la confiance de Noël dans le fait que sa mère souhaite prendre soin des besoins de chacun d'eux, des siens et de ceux de son fils. Elle peut choisir soit d'offrir une écoute empathique à son fils, soit d'exprimer ses propres sentiments et besoins une fois de plus. Cette fois-ci, elle peut dire « Je me sens frustrée parce que j'aimerais qu'il y ait plus de plaisir et de coopération au moment des repas » ou « Je suis confuse. J'aimerais comprendre ce que tu veux faire ».

Chaque fois que nous nous exprimons en CNV, nous finissons par une demande qui commence normalement par la formule : « Serais-tu d'accord pour… ? » Demander une réponse permet de maintenir la fluidité du dialogue dans une situation difficile. Malgré tout, je vois souvent les parents répéter la même question, ce qui m'indique qu'ils veulent amener leur enfant à faire exactement ce qu'ils exigent de lui ou elle. Souvent, l'enfant le sent et résiste avec d'autant plus de véhémence. Ainsi, lorsque l'on est face à un refus, il peut être utile d'orienter son attention sur les types de demandes que les parents formulent. Une fois encore, Marie peut être attentive à ce qu'elle dit : est-elle en train de répéter une demande (de manger) ? Si tel est le cas, il y a des chances que Noël entende là une exigence. Elle pourrait à présent envisager d'autres stratégies pour combler ses besoins et demander ce qu'elle veut. Par exemple, elle pourrait demander à Noël s'il serait d'accord pour lui dire quand il aimerait manger. S'il répond « dans cinq minutes », elle peut alors mettre un chronomètre en marche et cinq minutes plus tard, il aura comblé son besoin de choisir et sera plus enclin à venir s'asseoir à table dans un bon état d'esprit.

L'auto-empathie

L'auto-empathie en CNV consiste à prendre acte de nos propres sentiments et besoins. Cela peut paraître étrange au premier abord, mais, comme beaucoup d'autres personnes pratiquant la CNV, j'ai trouvé cette méthode extrêmement efficace pour augmenter l'acceptation de soi, la relation à soi et la paix intérieure. Le fait de prendre une minute avant de réagir peut diminuer la colère et éviter les rapports de force.

Si Marie choisissait de commencer par l'auto-empathie, voici à quoi pourrait ressembler son dialogue intérieur : « Je suis tellement tendue ! Je voudrais me reposer… En plus, je suis inquiète parce que j'ai besoin d'être rassurée sur le fait que Noël reçoit la nourriture dont son corps a besoin. Je ressens également de la frustration, parce j'ai besoin de coopération lorsqu'il s'agit de prendre soin de sa santé. Je suis aussi perturbée parce que j'ai besoin de comprendre ce qui se passe en lui – je n'en ai pas la moindre idée ! » Il faudra peut-être du temps à Marie pour reconnaître ses sentiments et ses besoins mais, avec de la pratique, elle apprendra à se relier à elle-même plus aisément.

Après avoir clarifié ses besoins, Marie peut considérer ce qu'elle aimerait faire. Chacun de ses besoins peut être comblé par différentes stratégies. Aimerait-elle offrir de l'empathie à Noël pour tenter de comprendre ce qui se passe en lui ? Lui faire part de ses sentiments, de ses besoins et de ses demandes ? Consulter le pédiatre de Noel pour savoir s'il y a lieu de s'inquiéter de la quantité de nourriture qu'il mange ? En parler avec son conjoint ou un(e) ami(e) ? Lire un livre sur la relation des jeunes enfants à la nourriture ? Proposer à Noël un plus large choix d'aliments ? Jouer avec lui en même temps qu'il mange ? Là encore, la stratégie choisie aura plus de chances de répondre à ses besoins si elle résulte d'une bonne compréhension de ceux-ci.

Je ne connais personne qui ait été éduqué à pratiquer l'auto-empathie. Le caractère nouveau de l'auto-empathie, associé au fait qu'un effort est nécessaire pour y consacrer du temps, peut donner l'impression qu'il s'agit d'un luxe impossible. Pourtant, l'auto-empathie peut être un « ballon d'oxygène » pour agir efficacement dans la vie, comme l'est aussi, par exemple, la pratique de la méditation. Elle ne résout peut-être pas tous nos problèmes, mais elle peut nous aider à bien accepter les situations pour lesquelles nous ne trouvons pas de solution. L'auto-empathie nous donne accès à certaines ressources très puissantes : une relation nourricière à nous-même ; une aptitude à nous concentrer sur ce qui est le plus important pour nous ; de la créativité dans la recherche de solutions ; un espace pour cultiver et approfondir nos talents en tant que parents ; l'assurance que nous agirons plus souvent d'une manière qui nous apporte joie et satisfaction ; et enfin – ce qu'il y a de plus beau au monde – la confiance, et une relation de qualité avec ceux que nous aimons.

Pourquoi prendre le temps d'établir des liens ?

Les interactions entre les parents et leurs enfants contribuent à façonner la manière dont ces derniers se comprennent eux-mêmes et comprennent leurs parents, la nature humaine et le monde qui les entoure. Un parent qui enlève des mains d'un jeune enfant un jouet que celui-ci vient lui-même de prendre à un autre, tout en lui disant : « On ne prend pas les jouets des autres », enseigne aux deux enfants que l'on peut arracher un objet des mains de l'autre – à condition d'être plus fort que lui ! Un parent qui impose unilatéralement un couvre-feu à un adolescent donne à celui-ci l'impression qu'on ne peut pas lui faire confiance pour prendre des décisions mûrement réfléchies dans sa vie. Au lieu de cela, les parents peuvent faire passer à leurs enfants deux messages essentiels, que ce soit par leurs paroles ou par leurs actions : 1) les besoins de chacun comptent, et 2) si nous établissons le contact de façon suffisante entre nous, nous pourrons trouver des stratégies qui fonctionneront pour toutes les parties concernées.

En entendant les besoins et sentiments qui se cachent derrière les paroles et comportements de nos enfants, nous leur ferons de merveilleux cadeaux : nous pourrons les aider à comprendre leurs propres besoins, à les exprimer et à trouver des moyens de les satisfaire ; nous pourrons leur servir de modèle pour qu'ils apprennent, eux aussi, à être dans une attitude empathique avec les autres ; leur donner l'image d'un monde où les besoins de tous comptent ; et enfin, les aider à comprendre qu'un grand nombre de désirs auxquels les êtres humains s'accrochent – ranger sa chambre tout de suite, regarder la télévision, gagner de l'argent – sont en réalité des stratégies destinées à combler des besoins plus profonds. Les enfants peuvent apprendre qu'en prenant le temps de découvrir ces besoins plus fondamentaux, ils augmenteront leurs chances de concevoir des stratégies susceptibles de les combler vraiment.

Si nous nous laissons toucher par les sentiments et besoins de nos enfants, nous accédons à un autre bonheur : celui de trouver, pour satisfaire nos besoins, des stratégies qui ne leur sont pas préjudiciables. Cela nous soulage d'une grande partie de la souffrance que nous ressentons lorsque nous choisissons des stratégies qui fonctionnent pour nous, mais pas pour nos enfants.

Enfin, en partageant le monde de nos propres sentiments et besoins avec nos enfants, nous leur donnons l'occasion, beaucoup trop rare dans notre société, de bien connaître leurs parents, de découvrir les effets de leurs actions sans reproche, et de vivre la puissance et la joie de contribuer à la satisfaction des besoins d'autrui.

Exercice 1 : notions élémentaires

Idées essentielles :

- **Observations** : description de ce qui est vu ou entendu, sans ajouter d'interprétation ou de jugement. Par exemple, plutôt que de dire : « Elle est en train de piquer une crise de colère », vous pourriez dire : « Elle est couchée par terre, en train de pleurer et de taper des pieds ». Si vous évoquez les paroles de quelqu'un, citez-les, dans la mesure du possible, plutôt que de les interpréter.
- **Sentiments** : vos émotions, plutôt que vos pensées ou interprétations au sujet des actions des autres. Par exemple, au lieu de dire : « Je me sens manipulé », ce qui implique une interprétation du comportement de l'autre, vous pourriez dire : « Je me sens mal à l'aise ». Évitez les expressions comme : « J'ai le sentiment que… » ou : « Je sens que… », car les mots qui suivent expriment des pensées, et non des sentiments.
- **Besoins** : les sentiments sont générés par les besoins, qui sont universels, permanents et indépendants des actions de quiconque. Comme cause de vos sentiments, citez votre besoin plutôt que l'action d'une personne. Par exemple, dites : « Je me sens contrarié parce que j'ai besoin de soutien » plutôt que : « Je me sens contrarié parce que tu n'as pas fait la vaisselle ».
- **Demandes** : elles sont concrètes, immédiates et formulées en langage d'action positif (dites ce que vous voulez plutôt que ce que vous ne voulez pas).

Exemple : « Es-tu d'accord pour rentrer ce soir à l'heure convenue ? » plutôt que « Veux-tu bien faire attention à ne pas être à nouveau en retard ? ». Par définition, formuler une demande implique que nous soyons prêts à entendre un « non » et à voir ce refus comme une occasion de poursuivre le dialogue.

- **Empathie :** avec la CNV, nous manifestons de l'empathie à un autre en devinant ses sentiments et ses besoins. Au lieu d'essayer de « trouver la bonne réponse », nous cherchons à nous relier à lui. L'empathie ne comporte pas nécessairement d'observation et de demande.

En vous servant de la liste des sentiments et des besoins qui se trouve à la fin de ce livret et en faisant appel à votre propre compréhension, essayez de deviner quels peuvent bien être les sentiments et les besoins des parents et des enfants dans les situations ci-après.

1. *Le parent parle à l'enfant*

a. Le parent dit à l'enfant : « Range ta chambre MAINTENANT ! »

Quels peuvent être les sentiments du parent ?

....
....

Quels peuvent être les besoins du parent ? ....
....
....

b. Le parent dit à l'enfant :
« Pourquoi ne m'écoutes-tu pas ? »

Quels peuvent être les sentiments du parent ?
....
....
Quels peuvent être les besoins du parent ?
....
....

c. Le parent dit à l'enfant :
« Grossier personnage ! »

Quels peuvent être les sentiments du parent ?
....
....
Quels peuvent être les besoins du parent ?
....
....

2. L'enfant parle au parent

a. L'enfant dit au parent :
« Non, je ne rangerai PAS ma chambre ! »

Quels peuvent être les sentiments de l'enfant ?
....
....
Quels peuvent être les besoins de l'enfant ?
....
....

b. L'enfant dit au parent :
« Tu ne t'intéresses pas à moi ! »
Quels peuvent être les sentiments de l'enfant ?
....
....
Quels peuvent être les besoins de l'enfant ?
....
....

c. L'enfant dit au parent :
« Je ne veux pas en parler. »
Quels peuvent être les sentiments de l'enfant ?
....
....
Quels peuvent être les besoins de l'enfant ?
....
....

Exercice 2 : traduction en CNV

Notez une phrase que vous avez dite à votre enfant et que vous aimeriez essayer d'exprimer en utilisant la CNV. Traduisez vos paroles en observations, sentiments, besoins et demandes. (La demande ne doit pas nécessairement « résoudre le problème » – on n'en est qu'au début du dialogue !)

Exemple :

Phrase de départ : « On ne frappe pas ! Va immédiatement dans ta chambre ! »

Expression en CNV : « Quand je vois que tu frappes Max et que Max pleure, je suis triste parce que je voudrais que tout le monde soit en sécurité. Serais-tu d'accord pour me dire ce qui s'est passé ? »

Votre phrase de départ : ....
....
Quand je vois/j'entends ....
....
Je me sens ....
....
Parce que j'ai besoin de ....
....
Serais-tu d'accord pour ....
....

Comparez vos réponses avec certains des exemples que j'ai donnés précédemment.

Par-delà les luttes de pouvoir

Les crises de colère et les luttes de pouvoir empoisonnent la vie de nombreux parents. Or, elles sont toujours provoquées par des besoins insatisfaits. Au moment où une personne choisit de sortir de la lutte de pouvoir, la communication peut commencer et l'harmonie peut se rétablir. Considérez la situation suivante.

Alyssa, quatre ans, se tient au sommet d'un toboggan et dit aux deux autres enfants qui attendent derrière elle de s'en aller. Les autres enfants ne semblent pas très contents de la situation. Après avoir gentiment essayé de la convaincre de descendre, David, son père, lui dit : « Alyssa, laisse les autres enfants jouer, sinon nous rentrons à la maison ».

Entendant ces mots, Alyssa hurle : « Non, je ne veux pas rentrer à la maison ! ». Et elle reste au sommet du toboggan. Les enfants et leurs parents regardent la scène. David se met en colère. « Descends immédiatement, Alyssa ! ». « NON ! », répond sa fille.

Que se passe-t-il ensuite ? Peut-être David réitère-t-il sa demande ou menace-t-il de quitter le parc si elle ne descend pas immédiatement. Alyssa obéit ou non. Si elle n'obéit pas, David va peut-être mettre sa menace à exécution. S'il essaie de l'emmener de force, elle va peut-être se raidir, ou donner des coups de pied et hurler, de sorte qu'il sera presque impossible de la déplacer. Entre-temps, le petit frère d'Alyssa, qui jouait tranquillement dans le sable, va se mettre à pleurer parce qu'il n'a rien fait de mal et qu'il ne veut pas partir ! Une agréable petite sortie se termine en une lutte de pouvoir et tout le monde se retrouve de mauvaise humeur.

Passer de l'auto-empathie à l'empathie, puis à l'expression de soi

Comment cette situation peut-elle se vivre avec la CNV ? Ayant entendu Alyssa dire à d'autres enfants de s'en aller, David peut d'abord observer sa réaction intérieure. Il peut décider de prendre un moment pour se donner de l'empathie à lui-même : « Tout le monde regarde ! Je me sens embarrassé. J'aimerais être accepté par les autres parents. Je suis frustré, aussi, parce que je voudrais que ces moments passés ensemble soient plus faciles… »

Cet instant d'auto-empathie permet non seulement à David de se concentrer sur ses besoins, au lieu de réagir, mais peut également lui rappeler que ses réactions de colère ne lui servent habituellement à rien ! Après cette brève pause, David va peut-être constater qu'il souhaite se rapprocher d'Alyssa, et il va alors décider d'essayer de deviner ce qui se passe en elle.

David : Hé, Alyssa, tu aimes bien le toboggan ? Tu dis aux enfants de rester à l'écart parce que tu veux de la place pour jouer ? *(Plutôt que de reprocher à Alyssa ce qu'elle a dit aux autres enfants ou de lui dire d'arrêter, David devine que la situation vient peut-être du besoin d'espace de sa fille.)*

Alyssa : Oui ! C'est cool d'être ici en haut toute seule !

David : Alors, tu t'amuses. Tu aimes bien être indépendante là-haut.

Alyssa (se balançant sur la barre qui surplombe le haut du toboggan) : Oui, youpi !

David n'a pas encore dit un mot de ce qu'il souhaite, mais il a fait le premier pas pour entrer en relation avec Alyssa. En se mettant en empathie avec ses sentiments et ses besoins, il lui montre qu'il comprend ses actes, sans jugement ni reproche. À partir de là, il a plus de chances d'être entendu.

David : Je vois que les autres enfants ne s'amusent pas autant, alors je suis inquiet : j'aimerais que tout le monde puisse s'amuser, dans ce parc. Est-ce que tu veux bien faire ta descente, maintenant, pour que chacun puisse la faire à son tour ? Certains enfants manifestent leur accord à présent, mais Alyssa refuse.

David : Est-ce que tu es frustrée parce que tu veux choisir toi-même de quelle manière jouer ? *(Au lieu d'entendre le refus d'Alyssa comme un défi à son autorité, David essaie de comprendre les sentiments et besoins qui ont poussé sa fille à dire « non ».)*

Alyssa : Oui ! Oui ! Oui ! Je ne veux pas descendre !

David : Alyssa, je veux que tu sois capable de prendre tes propres décisions. Moi aussi, je suis frustré, et j'aimerais que l'on tienne compte de tout le monde, ici. Sais-tu comment on pourrait faire pour que tu puisses t'amuser et décider par toi-même, et pour que les autres enfants puissent s'amuser aussi ? *(En mentionnant sa volonté de répondre aux besoins d'Alyssa en même temps que son désir de tenir compte des besoins des autres enfants, David évite de donner l'impression – parfois conforme à la réalité – que seul un des deux aspects de la question compte à ses yeux. L'engagement de répondre aux besoins des deux parties est essentiel si l'on veut trouver des solutions réellement satisfaisantes pour tous.)*

Alyssa : Ils peuvent aller jouer sur l'autre toboggan.

David : Je suis heureux que tu essaies de trouver des solutions. Pourquoi ne vérifies-tu pas avec eux s'ils sont d'accord ? *(Même si cette solution n'a pas la préférence de David, il ne l'écarte pas. Pour qu'Alyssa soit disposée à envisager d'autres solutions, il est nécessaire qu'elle sache que David est prêt à faire de même. Ce moment est très important. Si David n'est déterminé qu'à suivre une voie en particulier, Alyssa fera probablement de la résistance.)*

Alyssa, s'adressant aux deux enfants : Vous voulez bien aller jouer sur l'autre toboggan ?

Premier enfant : Non !

Second enfant : Il n'est pas aussi amusant, je veux jouer sur celui-ci.

David : Eh bien, ma chérie, on dirait qu'ils veulent toujours jouer sur ce toboggan-ci, et j'aimerais vraiment respecter ce qu'ils ont envie de faire, eux aussi. As-tu d'autres idées, ou est-ce que tu veux faire ta glissade maintenant et laisser son tour à chacun ?

À ce stade, de nombreux enfants sont prêts à coopérer, s'ils ne se sentent soumis à aucune contrainte. Mais certains ont plus de difficultés. Imaginons qu'Alyssa dise : « Je me fiche de ce qu'ils veulent, je ne descendrai pas ». Il est probable qu'à ce stade-ci, même le parent le plus patient « laisserait tomber ». Quelle patience pouvons-nous espérer avoir, face à un jeune enfant déterminé ? Pourtant, l'autre choix n'est guère attrayant : crise de colère, lutte de pouvoir, regret de ce que nous avons dit à notre enfant.

David peut donc essayer à nouveau l'auto-empathie, afin de se donner un peu plus d'espace pour choisir comment agir.

Dans des situations comme celle-ci, la colère est souvent l'émotion qui jaillit le plus facilement. Ainsi, David peut commencer par exprimer sa colère intérieurement : « Bon sang ! Je suis furax ! Pourquoi est-ce qu'elle ne peut pas simplement être un peu raisonnable ? ! » Cependant, il n'en restera pas là, parce que la colère concentre notre attention sur ce que nous ne voulons *pas* au lieu de nous aider à nous relier à nos besoins et aux choses constructives que nous *voulons*.

En se reliant aux sentiments et aux besoins qui sont à la source de sa colère, David peut poursuivre : « Je suis vraiment déçu. J'ai envie de m'amuser et d'être en contact avec ma fille ! ». L'auto-empathie lui permet de s'éloigner de la colère pour reconnaître ses propres besoins d'avoir du plaisir et d'être en lien.

La créativité naît de la qualité de la relation

Aussi longtemps que David exigeait simplement que sa fille descende du toboggan, il était peu probable que la situation réponde aux besoins de l'un ou de l'autre – besoin d'autonomie pour elle, besoin de contact pour lui, besoin de jeu pour tous les deux. (Le jeu est à la fois un besoin et une stratégie puissante pour traverser les situations stressantes avec les enfants. Nombre de tâches ménagères et de conflits peuvent se transformer en jeu, transformation qui peut renforcer l'harmonie entre les parents et les enfants.) En se reliant à lui-même et en nouant une relation empathique avec sa fille, David aura beaucoup plus de facilité à trouver une stratégie créative pour combler leurs besoins respectifs.

David (sur un ton joueur) : Alors, tu aimes bien être là-haut et prendre des décisions ? *(David se relie à nouveau aux besoins de sa fille.)*

Alyssa : Oui !

David (souriant) : Comment pourrais-je te rejoindre ? En montant le long du toboggan ou en grimpant à l'échelle ? *(David trouve une stratégie qui comble le besoin de sa fille de prendre des décisions et son propre besoin d'être en lien.)*

Alyssa : Tu ne peux pas venir ici, c'est seulement pour les enfants !

David : Moi, je veux jouer avec toi et, puisque tu ne sembles pas vouloir descendre, je pense que je vais trouver un moyen de monter.

(David poursuit le jeu comme stratégie pour établir le lien. Sa fille n'entrera pas dans une lutte de pouvoir tant qu'il n'y sera pas lui-même.)

Alyssa : Monte le long du toboggan !

David fait semblant d'essayer et de ne pas y arriver. Sa fille et les autres enfants rient. Ils continuent tous à jouer et la tension se dissipe.

À quel moment pourrais-je suggérer d'arrêter le dialogue et de tenter autre chose ? J'avancerais plus rapidement s'il y avait un problème de sécurité ou si un dialogue plus long entravait sérieusement la capacité d'autres personnes à combler leurs besoins. David peut vérifier en permanence où en sont les autres enfants : est-ce qu'ils jouent et s'amusent, ou certains d'entre eux sont-ils contrariés parce que leur propre besoin de jouer n'est pas satisfait ?

Regardent-ils la scène et, si oui, sont-ils curieux de voir comment lui-même et Alyssa vont régler cette situation, ou sont-ils frustrés et prêts à bondir sur le toboggan pour pousser sa fille ?

Peut-être David arrivera-t-il au bout de sa capacité ou de sa volonté de poursuivre le dialogue. Après tout, le dialogue est une stratégie permettant d'entrer en relation avec l'autre, et cette relation n'est pas le seul besoin dont David souhaite s'occuper : la prise en considération des autres enfants, la sécurité, l'acceptation ou le lien avec le petit frère d'Alyssa sont autant d'autres besoins. Il pourrait donc décider de monter sur le toboggan et d'en faire descendre Alyssa par la force. Toutefois, s'il reste relié à la *motivation* qui le pousse à faire usage de la force, il restera dans un esprit de bienveillance, en essayant de combler le mieux possible ses besoins de protection et de coopération, au lieu d'agir sous l'influence de la colère ou d'une impulsion à punir. S'il fait part de *ces besoins-là* à Alyssa, il y aura beaucoup plus de chances que tout cet échange se termine dans la sérénité et dans une bonne qualité de relation, plutôt que par la rupture du lien.

Un mot sur le choix du moment

Le plus souvent, c'est au beau milieu d'une bagarre que les parents et les enfants commencent à discuter des conflits qui les opposent. Si la CNV peut être très utile dans ces moments de grande tension, il est important de trouver aussi des espaces de sérénité pour aborder les conflits. Bien sûr, on ne pense pas forcément à prendre les devants ; pourtant, lorsqu'une conversation prend sa source dans une situation où le lien est bien établi, plutôt que lors d'un conflit, les deux interlocuteurs sont bien plus à même de s'entendre et de trouver ensemble des stratégies permettant de répondre aux besoins de chacun.

Si David n'est pas satisfait de la manière dont s'est terminé l'échange avec Alyssa et s'il vit régulièrement des échanges comme celui-là, il peut faire part de ses préoccupations avant d'aller au parc la fois suivante. Il peut dire : « Lorsque j'envisage d'aller au parc avec toi, je suis content à l'idée de m'amuser, mais j'ai aussi peur que nous nous bagarrions, parce que je veux rester relié à toi et profiter des moments que nous passons ensemble. Accepterais-tu de parler avec moi de ce que nous pourrions faire pour satisfaire tes besoins et les miens quand nous serons au parc aujourd'hui ? » Il est possible qu'Alyssa soit plus disposée à entendre ses préoccupations maintenant, plutôt que dans le parc, de même qu'elle sera plus susceptible d'exprimer ouvertement ses propres sentiments et besoins. Ensemble, au fil du temps, ils trouveront des stratégies créatives pour prévenir ou résoudre leurs conflits.

Pensez à ce qui provoque vos conflits actuels et prévoyez d'en parler à un moment qui conviendra à la fois à vous et à votre enfant. Si votre bagarre concerne l'heure d'aller au lit ou le brossage des dents, abordez la question le matin ou l'après-midi. S'il s'agit du départ de la maison le matin, parlez-en le soir. Si votre conflit porte sur la télévision ou les jeux vidéo, discutez-en lorsque vous êtes hors de la maison ou pendant un repas sympa – et pas juste au moment où votre enfant est au beau milieu de son programme préféré et qu'il veut en regarder encore une partie.

Exercice 3 : transformer ses réponses habituelles

1. Imaginez que votre enfant vous dit chacune des phrases données dans les exemples ci-dessous. Notez ce que pourrait être votre réponse habituelle, puis les sentiments et besoins qui déclenchent cette réponse, et enfin les sentiments et besoins de votre enfant qui, d'après ce que vous devinez, sont vraisemblablement à l'origine de ses paroles. *(Vous souhaiterez peut-être, pour ce faire, vous servir des listes de sentiments et de besoins qui figurent à la fin de ce livret.)*

a. Votre enfant vous dit :
« Ce n'est pas toi le chef ! Tu n'as pas d'ordres à me donner ! »
Réponse habituelle : ....
....
Auto-empathie : Je me sens ....
....
parce que j'ai besoin de ....
....

Supposition empathique :
Te sens-tu ....
....
parce que tu as besoin de
....

b. Votre enfant vous dit :
« Tu es une méchante maman /
un méchant papa ! »
Réponse habituelle : ....
....
Auto-empathie : Je me sens ....
....
parce que j'ai besoin de ....
....
Supposition empathique :
Te sens-tu ....
....
parce que tu as besoin de ....
....

2. En vous inspirant de votre propre vie, notez une phrase de votre enfant que vous avez du mal à entendre. Comme précédemment, écrivez ensuite votre réponse habituelle, puis une phrase d'auto-empathie et une supposition empathique.

a. Votre enfant vous dit :
Réponse habituelle : ....
....

Auto-empathie :
Je me sens..
parce que j'ai besoin de ....
....
Supposition empathique :
Te sens-tu..
....
parce que tu as besoin de ....
....

b. Votre enfant vous dit :
Réponse habituelle : ....
....
Auto-empathie :
Je me sens..
....
parce que j'ai besoin de ....
....
Supposition empathique :
Te sens-tu ....
....
parce que tu as besoin de ....
....

Comparez vos réponses avec certains des exemples que j'ai donnés dans les sections précédentes.

Exercice 4 : choisir le moment du dialogue

1. Pensez à un conflit qui vous oppose actuellement à votre enfant et notez-le par écrit.
2. Quel pourrait être un bon moment pour parler de ce conflit ?
3. À votre avis, quels peuvent être les sentiments et les besoins de votre enfant dans cette situation ?
4. Pensez à ce que vous pourriez dire à votre enfant. Écrivez une observation, un sentiment, un besoin et une demande exprimés de manière claire.

Demandez-vous si cette demande tient compte des besoins de votre enfant. Dans la négative, pensez au moins à deux autres demandes qui pourraient vous aider à combler vos besoins, tout en tenant compte de la manière dont vous comprenez ceux de votre enfant.

Pour savoir comment gérer la colère en CNV, voyez le livret « Qu'est-ce qui vous met en colère ? », disponible auprès des *Éditions Jouvence**.

Entendre le « oui » derrière un « non »

« NON ! » Le mot tant redouté a été prononcé. Vous avez demandé à votre fille de faire quelque chose de normal, comme mettre de la crème solaire pendant une journée chaude et ensoleillée, se laver les mains avant le repas, mettre ses chaussures pour pouvoir sortir de la maison, ramasser les livres et les

---

* « What's making you angry ? » disponible auprès du Center for Nonviolent Communication, www.cnvc.org

vêtements qu'elle a laissés éparpillés dans le salon, se brosser les dents avant de se coucher, aller au lit.

Pourtant, votre fille, qu'elle ait un, deux, trois, quatre ou quatorze ans, sait ce qu'elle veut. Vous adorez le fait qu'elle ait ses propres idées, qu'elle soit de plus en plus indépendante et sûre d'elle, qu'elle entende décider elle-même que faire et quand. Mais si seulement elle pouvait être raisonnable ! Vous aimeriez tellement qu'elle agisse comme vous le lui demandez sans faire tant d'histoires…

Négocier avec nos enfants pour combler le fossé entre nos désirs et les leurs peut mettre notre patience et nos talents de négociateurs à rude épreuve. Les ouvrages qui traitent du rôle de parent en témoignent : l'un après l'autre, ils s'attachent à nous montrer comment faire faire ce que nous voulons à nos enfants, que ce soit par une « discipline efficace », les récompenses, les punitions ou le dialogue.

Prenons une situation dont m'a fait part Sophie, mère d'une enfant de trois ans :

Parfois, Grace refuse de monter dans son siège auto, et nous l'asseyons alors de force. Pour moi, il s'agit de protéger mon enfant pour qu'il ne lui arrive rien. Évidemment, nous pourrions simplement choisir d'attendre et de n'aller nulle part tant que nous ne l'avons pas convaincue de s'asseoir toute seule. Mais, comme la plupart des gens, nous sommes toujours pressés, et nous pouvons rarement nous permettre d'attendre. Que faire ?

Un dialogue en CNV

Un dialogue en CNV aidera peut-être Sophie à résoudre ce problème rapidement, ou peut-être pas, mais en tout cas il l'aidera certainement à établir la qualité de relation qu'elle souhaite avec Grace. Si l'on veut rester en relation avec quelqu'un qui vous dit « non », l'essentiel est de se rappeler que « non » signifie toujours « oui » à autre chose et que, de ce fait, on est au début et non à la fin d'une conversation. Si Sophie choisit de prendre le temps de se relier à sa fille, ce qui permet parfois d'avancer plus vite, le dialogue pourrait ressembler à ceci :

Sophie : Viens, il est l'heure de partir pour aller chez bon-papa.

Grace : NON ! NON ! NON !

Sophie : Tu es en train de t'amuser et tu aimerais continuer ? *(Au lieu d'entendre le « non », Sophie écoute à quoi Grace dit « oui » en devinant son sentiment de plaisir et ses besoins de jouer et de choisir par elle-même.)*

Grace : OUI ! Je veux continuer à faire du jardinage !

Sophie : Cela t'amuse vraiment de travailler dans le jardin ?

Grace : Oui !

Sophie : Cela me fait plaisir de voir que tu t'amuses bien. Moi, je suis inquiète parce que, quand je dis que je vais aller quelque part, j'aime bien faire ce que j'ai dit. *(Au lieu d'exprimer son propre « non », Sophie fait part de son sentiment et de son besoin de prendre ses responsabilités.)*

Si nous voulons être chez bon-papa à l'heure où je lui ai dit que nous arriverions, il est temps de partir. Serais-tu d'accord pour monter dans la voiture maintenant ?

(Sophie termine par une demande qui indique à Grace comment elle peut aider Sophie à combler son besoin.)

Grace : NON ! Je veux jardiner maintenant !

Sophie : Je ne sais trop que faire… J'aime bien que tu t'amuses, et je veux aussi faire ce que j'ai dit que je ferais. *(Sophie montre à Grace qu'il est important pour elle de satisfaire leurs besoins respectifs.)* Accepterais-tu de t'asseoir dans la voiture dans cinq minutes pour que nous puissions y aller bientôt ?

(Sophie propose une stratégie susceptible de combler les besoins de l'une et de l'autre, à nouveau sous forme de demande.)

Grace : D'accord.

À moins que ce ne soit pas si facile…

Grace : NON !!! Je ne veux pas y aller ! Je veux rester à la maison !

Sophie : Es-tu TRÈS frustrée à cet instant ? TU voudrais choisir toi-même ce que TU vas faire ? *(Sophie entre en relation avec Grace en lui montrant qu'elle comprend et accepte les émotions intenses de sa fille et son besoin d'autonomie.)*

Grace : Oui ! Je veux faire du jardinage !

Sophie : Je vois. Je me sens triste, parce que j'ai envie de prévoir des activités qui conviennent à tout le monde. Serais-tu d'accord pour réfléchir avec moi afin de trouver des choses à faire qui nous conviendraient à toutes les deux maintenant ? *(À nouveau, Sophie exprime son souci de satisfaire leurs besoins respectifs et propose une nouvelle stratégie qui pourrait également combler les besoins de vivre ses propres choix et d'être autonome de Grace.)*

Grace : D'accord.

Selon l'âge de l'enfant, les idées de stratégies permettant d'assouvir les besoins de toutes les parties concernées peuvent venir du parent, qui sollicite alors les réactions de l'enfant, ou des deux parties. Des enfants âgés d'à peine deux ou trois ans peuvent surprendre en proposant des stratégies répondant aux besoins de chacun, des stratégies parfois novatrices et réalisables auxquelles les adultes n'ont pas pensé.

Même si Grace devait encore dire « non », à ce stade, la CNV continue de proposer à Sophie des solutions pour se relier à elle-même et à sa fille. À force de vivre des expériences qui donnent à un enfant l'assurance que les adultes respectent ses besoins ainsi que les leurs, Grace acquerra progressivement une plus grande aptitude à tenir compte des besoins des autres et à agir de manière à les satisfaire. Entre-temps, Sophie découvrira que ces moments sont autant d'occasions de parvenir à une meilleure compréhension d'elle-même et de ses besoins fondamentaux, en tant que parent, en agissant de façon attentionnée pour elle-même et pour sa fille.

Relier les stratégies aux besoins

Lorsque nous utilisons la CNV, nous recherchons les moyens de répondre aux besoins de tous, parfois en retardant nos décisions jusqu'à ce que nous établissions avec l'autre la qualité de relation qui permettra d'arriver à une solution. Une fois en relation l'une avec l'autre, Sophie et Grace pourront trouver diverses stratégies en fonction des besoins qui sont les plus vivants en elles. Il est possible que Sophie se rende compte qu'elle pourrait combler son besoin de prendre ses responsabilités en appelant bon-papa et en retardant le rendez-vous d'une heure. Elle peut choisir d'assouvir son besoin de considération en exprimant ses sentiments et besoins avec plus de passion et en cherchant à se faire comprendre de sa fille. Ou peut-être, en se reliant à ses besoins d'harmonie et de confort, préférera-t-elle modifier ses projets. Si elle modifie ses projets parce qu'elle a clairement fait le choix de combler ainsi un besoin, cela ne signifie pas du tout qu'elle « aura cédé aux caprices » de son enfant.

En se reliant aux besoins de Grace, Sophie peut trouver d'autres stratégies. Grace peut avoir un besoin ardent de jouer, qui peut être comblé par une proposition de jeux à faire une fois arrivée chez bon-papa. Peut-être aspire-t-elle puissamment à être autonome, aspiration que Sophie pourrait combler en laissant Grace décider elle-même du moment où elle sera prête. Elle a également besoin de contribuer au bien-être d'autrui. Si Sophie trouve un moyen de faire entendre ses propres sentiments et besoins et d'adresser des demandes claires à Grace, elle pourra aider celle-ci à se mettre en lien avec son envie de contribuer au bien-être des autres, de sorte que Grace s'assoie dans la voiture par choix et non parce qu'elle aura perdu une « lutte de pouvoir ».

Quelle différence cela fait-il d'entendre « oui » ?

Lorsque notre enfant nous dit « non » et que nous entendons « non », nous avons le choix entre deux solutions peu satisfaisantes : soit nous nous accommodons de son refus, soit nous lui imposons notre façon de voir. Si nous choisissons d'aller au-delà du « non » de notre enfant pour comprendre son « oui » à autre chose, nous connaissons mieux ce qui motive ses actions : des besoins qui sont communs à tous les êtres humains. Une compréhension plus profonde de notre enfant aboutit habituellement à une relation plus étroite entre lui et nous. Les gens reliés les uns aux autres accroissent leur capacité à trouver des stratégies créatives pour satisfaire leurs besoins, manifestent une bonne volonté mutuelle et supportent plus patiemment une insatisfaction ponctuelle. Dans ma famille, comme dans d'autres familles qui pratiquent la CNV, cela ne signifie pas que nous résolvions tous les problèmes facilement. Simplement, ces dialogues nourrissent régulièrement nos relations et nous permettent de confier davantage et plus profondément nos sentiments et nos besoins les uns aux autres. Voilà la qualité de relation que je souhaite à tous les parents et leurs enfants.

Modifier notre façon de réagir aux « non » de nos enfants signifie que nous nous défaisons d'une partie du pouvoir que nous avons sur eux, en cessant nous-même de leur dire « non » (ou en tout cas en le disant moins souvent) ; que nous sommes prêts à renoncer à nos stratégies parce que nous comprenons nos besoins plus profonds et ceux de nos enfants ; que nous privilégions la nature de la relation que nous voulons avoir avec nos enfants, ce que nous voulons leur enseigner et le genre de monde que nous voulons créer avec eux.

Cependant, l'utilisation de la CNV ne signifie pas que nous renoncions à combler *nos* besoins. Nos besoins humains profonds comptent aussi, et nous possédons des outils puissants pour les satisfaire : exprimer nos sentiments et nos besoins avec passion, et apprendre à trouver les moyens de répondre à nos besoins sans que nos enfants aient à en payer le prix. Sans faire de reproche à l'autre, le culpabiliser ou exiger son assentiment, nous pouvons assouvir nos besoins en nous reliant à nous-mêmes et à nos enfants.

Adresser à nos enfants des demandes, plutôt que des exigences ou des ultimatums, comporte un risque : il est possible qu'ils répondent simplement « non », et nous pouvons penser que nous devons l'accepter. Évidemment, nous n'avons pas perdu grand-chose, parce que les enfants répondent souvent

« non », même à nos exigences ! Quel plaisir, alors, de découvrir qu'en entendant le « oui » qu'il y a derrière, nous acquérons la liberté de ne pas nous arrêter au « non ». Nous pouvons utiliser un « non » – de nos enfants, de notre conjoint, de nous-même – comme le début d'un dialogue riche, qui pourra nous rapprocher tous et nous faire évoluer vers la satisfaction de *tous* nos besoins.

Exercice 5 : faire face au « non »
Idées essentielles :
- « Non » peut être le début d'une conversation.
- Nous pouvons poursuivre le dialogue en nous reliant aux besoins que l'autre essaie de combler en disant « non ». Un autre moyen d'envisager la situation consiste à se demander à quel besoin la personne dit « oui » lorsqu'elle répond « non » à ce que je lui demande.
- Nous pouvons parvenir à un « oui » mutuel, si nous nous engageons à satisfaire les besoins de chacun – pas seulement les nôtres, pas seulement ceux de l'autre. Lorsque nos enfants auront confiance dans cet engagement de notre part, ils seront plus ouverts à accueillir nos besoins.

1. Notez quelque chose que vous avez dit à votre enfant et que vous aimeriez exprimer en utilisant la CNV. Traduisez vos paroles en observations, sentiments, besoins et demandes. *(Vous souhaiterez peut-être pour cela vous servir des listes de sentiments et de besoins qui figurent à la fin de ce livret.)*

Paroles de départ : ....
....
Quand je vois/j'entends ....
....
Je me sens ....
....
Parce que j'ai besoin de ....
....
Serais-tu d'accord pour ....
....

2. Maintenant, imaginez que votre enfant réponde « non » à votre demande. Quels sont vos sentiments et besoins lorsque vous entendez le « non » ou que vous y pensez ? (La plupart d'entre nous ayant du mal à entendre un « non », l'auto-empathie peut s'avérer utile.)

Je me sens ....
....
Parce que j'ai besoin de ....
....

3. Pensez à l'enfant qui dit « non ». Quels peuvent être ses sentiments et ses besoins ? Ou à quoi dit-il « oui » ? Quels besoins essaie-t-il de combler ?

Mon enfant se sent peut-être ....
....
Parce qu'il a besoin de ....
....
....

4. Par écrit, ou en faisant un jeu de rôle avec votre partenaire, utilisez la CNV dans un dialogue comme celui qui suit. Là où il est indiqué « enfant », imaginez ce que votre enfant pourrait vous répondre et notez-le :

Vous :

Te sens-tu ....

....

parce que ton besoin de ....

....

n'est pas satisfait ?

Enfant :

....

....

Vous (empathie) :

Te sens-tu..

parce que tu as besoin de ....

....

Enfant :

....

....

Vous (expression) :

Je me sens ....

....

parce que j'ai besoin de ....

....

Serais-tu d'accord pour ....

....

Enfant :

....

Vous (choisissez l'expression ou l'empathie) :

....

....

Enfant :

....

Vous (choisissez l'expression ou l'empathie) :

....

....

Même si le dialogue n'est pas terminé, arrêtez-vous un instant et pensez à ce que vous avez appris en poursuivant au-delà du « non » initial et au-delà de votre première réaction. Comment vous sentez-vous à présent ? Lesquels de vos besoins ont été satisfaits en essayant de vous mettre en lien avec votre enfant ?

L'usage protecteur de la force

La force protectrice est une notion complexe en CNV parce que, lorsque nos besoins ne sont pas satisfaits, nous sommes toujours tentés de justifier l'usage de la force en la considérant comme une mesure de protection. De fait, il est parfois nécessaire d'utiliser la force dans un but de protection. Catherine m'a fait part d'une telle situation avec son petit enfant :

Récemment, Daniel s'est mis à me donner des coups de pied, par jeu, pendant que je changeais ses couches. Je suis enceinte de sept mois et il me frappe juste dans le ventre. J'ai peur pour ma sécurité et pour celle de mon bébé. J'ai essayé de lui parler, mais il n'écoute pas. Je m'apprêtais à le menacer en lui disant « Si tu me frappes encore, je devrai te laisser dans ta chambre pour te calmer » lorsque j'ai découvert la CNV, et maintenant je ne sais pas très bien quoi faire. N'est-il pas trop jeune pour comprendre les notions de sentiment et de besoin ?

De toute évidence, c'est de sécurité qu'il est question ici. La première chose que Catherine a à faire est de se protéger, ainsi que son bébé. En CNV, nous parlons d'un usage protecteur de la force quand nous voulons préserver la sécurité de quelqu'un et que nous n'avons ni le temps, ni la capacité, ni la volonté d'entrer en dialogue. La différence entre la force protectrice et la force punitive tient à l'intention qui nous motive, c'est-à-dire, dans toute la mesure du possible, celle de *protéger* plutôt que donner une leçon ou punir. Catherine peut faire de son mieux pour empêcher Daniel de lui donner des coups de pied, non pas parce qu'elle juge que ce qu'il fait est *mal* (en effet, les jugements empêchent généralement d'avoir un regard compatissant sur l'autre), mais par désir de se protéger, et aussi pour aider Daniel à faire attention à elle et à son petit frère ou sa petite sœur. Dès que chacun sera en sécurité, elle pourra reprendre le dialogue – c'est à ce moment-là que le lien et l'apprentissage seront possibles. J'aborderai la question de Catherine relative au langage dans la section suivante.

Exercice 6 : envisager l'usage de la force

Pensez à une situation dans laquelle vous utilisez la force physique avec votre enfant pour obtenir le résultat que vous souhaitez. *(Par force physique, j'entends des actes tels que le recours à la fessée, mais aussi tels que d'empoigner un enfant et de l'asseoir contre son gré dans le siège de la voiture.)*

1. Quelle est la situation ?
2. Quelles sont les raisons qui vous poussent à recourir à la force ?
3. Quels besoins espérez-vous satisfaire par l'usage de la force ? Comment vous sentez-vous quand vous reconnaissez ces besoins ?
4. Quels besoins ne comblez-vous pas en recourant à la force ? Comment vous sentez-vous quand vous reconnaissez ces besoins ?
5. Quand vous voyez les deux séries de besoins, est-ce que d'autres stratégies qui permettraient de les assouvir vous viennent à l'esprit ?

La CNV et le langage

Parce que la Communication NonViolente semble passer uniquement par des échanges verbaux, il paraît difficile – sinon complètement impossible – de l'appliquer avec de jeunes enfants. En réalité, le langage ne joue qu'un rôle « périphérique » dans la CNV. Bien plus fondamentalement, elle consiste en un ensemble de principes et de démarches permettant de se relier à soi-même et aux autres en privilégiant la relation, en se souciant des besoins de chacun, en recherchant l'aspiration profonde qui sous-tend un comportement que nous n'aimons pas, ou encore en partageant le pouvoir au lieu de l'utiliser au détriment de l'autre.

D'après mon expérience, la pratique de la CNV avec les tout-petits tient souvent davantage à mon cheminement intérieur – à la manière dont je me parle à moi-même de ce qui se passe en moi et chez mon enfant – qu'à de la négociation. Cependant, il m'est également utile de verbaliser mon interprétation de ce qui se passe chez chacun de nous, au moins à certains moments, même si je pense que mon enfant ne comprend pas mes paroles, parce que cela m'aide à entrer en lien avec nos sentiments et besoins respectifs. Il m'est alors plus facile de me calmer et de trouver des stratégies qui auront plus de chances de nous satisfaire, lui comme moi. Je veux aussi parler à haute voix, car je crois que c'est ainsi que l'on apprend à s'exprimer sur le plan linguistique et émotionnel. Si je n'exprime pas (et ne développe pas) mon propre vocabulaire des sentiments et des besoins, mon enfant n'assimilera que le répertoire limité des sentiments que nous osons généralement montrer dans notre culture. Or j'ai l'espoir que nos enfants seront émotionnellement plus éveillés que cela.

Lorsqu'il s'agit de régler des problèmes avec de petits enfants, comme avec n'importe qui, je suggère aux parents de se concentrer sur la *qualité de la relation* entre eux et leurs enfants. Porter leur attention sur leurs propres sentiments et besoins est une étape essentielle pour entrer en relation avec l'autre.

Revenons à présent à la situation que Catherine vit avec son fils. Elle peut commencer par vérifier ce qui se passe en elle : a-t-elle peur parce qu'elle veut la sécurité de son bébé ? Est-elle frustrée parce qu'elle aurait besoin de soutien, pour se protéger elle et son bébé ? Est-elle triste parce qu'elle souhaiterait que Daniel se soucie de son bien-être à elle ? Est-elle confuse parce qu'elle ne sait pas comment se mettre en lien avec Daniel dans cette situation ? Elle sera sur la bonne voie en faisant part de ces sentiments et besoins-là à son fils, *même si elle pense qu'il risque de ne pas la comprendre.* Sa seule raison de ne pas s'exprimer verbalement pourrait être de penser qu'elle emploierait plus de mots que Daniel ne puisse en entendre. Dans ce cas, elle peut se rappeler que l'échange verbal n'est qu'une stratégie, et continuer à rechercher le moyen d'entrer en relation avec son fils en communiquant avec moins de mots ou de façon non verbale.

Pour nouer un vrai lien avec Daniel, toutefois, Catherine aura vraisemblablement envie de comprendre aussi ce qu'il vit lui. Pourquoi lui donne-t-il des coups de pied dans le ventre ? Elle a dit qu'il le faisait *par jeu* ; il est donc possible qu'il soit excité et veuille jouer. Il se peut aussi qu'il soit nerveux lorsqu'on change ses couches, et qu'il veuille une plus grande liberté de mouvement. Peut-être est-il frustré d'être couché parce qu'il voudrait avoir l'impression d'avoir le choix ou exercer davantage son pouvoir. Ou peut-être encore essaie-t-il tout simplement d'établir un lien avec Catherine et d'attirer son attention.

Chacune de ces suppositions amènera Catherine à choisir une stratégie légèrement différente pour essayer de satisfaire les besoins de Daniel – et satisfaire ses besoins est le moyen le plus sûr que je connaisse pour se protéger et pour protéger son bébé tout en restant en relation avec Daniel. Elle répondra peut-être à son besoin de jeu en jouant avec lui pendant quelques minutes avant de le changer. En jouant à un « jeu pour changer les couches » qu'il aimerait – faire des grimaces ou des blagues, chanter, essayer d'attraper ses orteils pour les embrasser –, peut-être Daniel aura-t-il plus facilement l'assurance que sa maman et lui sont tous deux présents et en lien ? Il se pourrait que son besoin d'avoir plus de choix et de pouvoir soit assouvi si elle le laisse debout pour changer ses couches, ou si elle trouve un moyen pour qu'il choisisse lui-même le moment d'être changé. (Une maman m'a dit que, dès le jour où elle a commencé à demander à sa petite fille de lui dire quand elle voulait que l'on change ses couches, des conflits qui avaient duré des mois à ce sujet se sont terminés.)

Lorsqu'un jeune enfant se comporte d'une manière que ses parents ne comprennent pas ou n'aiment pas, ceux-ci peuvent lui faire un cadeau merveilleux : écouter ce que dit son cœur, et faire de leur mieux pour répondre avec le leur. Lorsque les parents et les enfants sont reliés par le cœur, le changement des couches n'est plus une corvée par laquelle il faut passer en se débrouillant pour ne pas avoir mal, mais une occasion – cette même occasion que l'on a à tout moment dans la vie – d'être présent à soi-même et à un autre être humain, et de grandir dans la confiance et la joie.

Exercice 7 : au-delà des mots

Dans les situations qui suivent, tentez de deviner les sentiments et besoins du bébé ou de l'enfant, ainsi que les sentiments et besoins du parent, puis notez au moins deux stratégies permettant de répondre aux besoins des deux parties sans avoir recours aux mots pour vivre la CNV (vous pouvez aussi étudier les mêmes situations en utilisant la CNV verbalement). Souvenez-vous que les stratégies ne doivent pas nécessairement résoudre le problème. Tenez compte du problème spécifique qui se pose, mais concentrez-vous sur la qualité de relation entre les personnes concernées, dans le moment présent ou dans l'avenir. *(Vous souhaiterez peut-être vous servir des listes de sentiments et de besoins qui figurent à la fin de ce livret.)*

1. Assise dans sa chaise haute, une petite d'un an jette sa nourriture par terre. Quand son père lui demande d'arrêter, elle sourit et en jette encore plus.
   Les sentiments de la petite pourraient être : ......
   ....
   Les besoins de la petite pourraient être : ....
   ....
   Les sentiments et besoins du père pourraient être :
   ....
   Des stratégies possibles pour créer le lien entre eux pourraient consister à : ....
   ....

2. Un petit garçon de trois ans refuse de se brosser les dents. Quand sa mère lui dit qu'il est vraiment

important de se brosser les dents et qu'elle ne lui lira pas de livre tant qu'il ne l'aura pas fait, il se met les mains sur les oreilles et dit : « Je n'écoute pas ! ».

Les sentiments du fils pourraient être : ....
....

Les besoins du fils pourraient être : ....
....

Les sentiments et besoins de la mère pourraient être : ....
....

Des stratégies possibles pour créer le lien entre eux pourraient consister à : ....
....

3. Il est 19 heures et une fillette âgée de dix ans n'a pas fait ses devoirs. Sa mère lui rappelle qu'elle en a, mais la fillette va dans le salon et allume la télévision.

Les sentiments de la fillette pourraient être : .....
....

Les besoins de la fillette pourraient être : ....
....

Les sentiments et besoins de la mère pourraient être : ....
....

Des stratégies possibles pour créer le lien entre elles pourraient consister à : ....
....
....

4. Un adolescent de 16 ans rentre à la maison une heure plus tard que ce qui était convenu. Son père lui dit : « Quand je constate que tu n'es pas rentré à l'heure convenue, je suis terriblement inquiet parce que je veux que tu sois en sécurité. Je suis également en colère parce que je veux pouvoir croire que mes besoins comptent pour toi. Veux-tu me dire où tu étais ? » Le fils répond : « Avec des copains », va dans sa chambre et ferme la porte.

Les sentiments du fils pourraient être : ....
....
Les besoins du fils pourraient être : ....
....
Les sentiments et besoins du père pourraient être :
....
Des stratégies possibles pour créer le lien entre eux pourraient consister à : ....
....
....

Faire de la médiation entre des enfants

Les jeunes enfants passent invariablement par des phases où il semble que leur but dans la vie soit de prendre les jouets des autres. En voyant deux enfants qui jouaient gentiment ensemble ou l'un à côté de l'autre se lancer dans une dispute qui se soldera probablement par des pleurs des deux côtés, les adultes finissent souvent par être sur les nerfs en même temps que les enfants.

Avant de trouver le moyen d'intervenir, essayons de comprendre nos propres réactions – qui sont intenses – face à ces situations. Que notre enfant soit celui qui prend ou celui qui est dépossédé du jouet, nous connaissons bien cette réaction de colère immédiate, viscérale, qui consiste à vouloir « réparer l'injustice » à laquelle nous venons d'assister. La colère que nous ressentons est compréhensible. Nous voulons protéger nos enfants de la douleur émotionnelle et physique. Nous craignons que nos enfants, s'ils n'arrivent pas à se comporter d'une manière acceptable socialement, souffrent plus tard dans la vie. Nous croyons fermement en des valeurs de gentillesse, de partage, de coopération et de justice, que nous voulons leur transmettre. Nous avons réellement à cœur de contribuer à ce qu'ils puissent vivre en paix avec les autres.

Cependant, lorsqu'une dispute éclate à propos d'un jouet, nous ne nous arrêtons généralement pas pour réfléchir à nos valeurs et à ce que nous voulons pour nos enfants. Si certains laissent les enfants se débrouiller entre eux, la plupart d'entre nous interviennent pour déterminer qui avait l'objet en premier et veiller à ce que celui-ci lui soit rendu, pour rappeler ou faire respecter une règle générale qui veut que l'on partage ou que l'on joue chacun à son tour, ou encore pour imposer une sanction, comme la confiscation. De telles interventions peuvent, certes, apporter un soulagement momentané, mais je crois qu'elles nous empêchent d'assouvir nos aspirations plus profondes, ainsi que celles de nos enfants.

Alors, comment tirer parti des conflits entre enfants pour apprendre à vivre tous ensemble dans la paix, à combler tous nos besoins et à intégrer dans nos valeurs la gentillesse, la coopération et la compassion ? La CNV nous offre un moyen d'y parvenir. J'aimerais l'illustrer par une expérience que j'ai faite voici quelques années.

La CNV avec deux tout petits

Arthur, dix-huit mois, et son papa rendaient visite à Max, trois ans, et à sa maman. Au moment de partir, Arthur était manifestement déterminé à emporter la petite voiture de Max. Max acceptait parfois que d'autres enfants lui empruntent ses jouets, mais cette petite voiture se trouvait être la seule qu'il avait. Lorsque je vérifiai avec lui s'il acceptait de la prêter à Arthur, tout son corps se mit en mode « récupération » : ses muscles se raidirent, ses yeux se concentrèrent sur la main d'Arthur – il paraissait prêt à bondir sur celui-ci pour reprendre sa voiture. Constatant qu'il était sur le point de saisir le jouet, je demandai à Max d'attendre afin que nous puissions en parler avec Arthur et, comme il est habitué à résoudre les conflits à l'aide de la CNV, il se détendit. S'il ne s'était pas détendu ainsi, j'aurais entamé le dialogue en portant mon attention sur lui.

J'essayai d'exprimer à Arthur ce que je devinais être ses sentiments et ses besoins. « Tu aimes cette voiture ? Tu voudrais pouvoir continuer à jouer avec ? » Arthur me regarda avec attention, la main toujours serrée sur la voiture. Je lui dis : « Tu sais, c'est la seule petite voiture de Max et il aimerait qu'elle reste dans la maison. Acceptes-tu de la lui rendre ? » L'attitude d'Arthur indiquait clairement que la réponse était « non ».

Max se crispa à nouveau et le père d'Arthur me dit : « Ce n'est pas grave, on va simplement la lui enlever des mains ». Je leur demandai d'attendre et de tenter encore la voie du dialogue. Je restai concentrée sur Arthur. « Tu aimes bien les jouets qui ont des roues ? Tu veux quelque chose qui ait des roues ? » Je cherchai autour de moi une stratégie qui répondrait au besoin d'Arthur de choisir lui-même le genre de jouet avec lequel il joue ; en ayant trouvé une, je demandai : « Aimerais-tu avoir ce train Lego® à roues ? » (Forte de mon expérience, j'étais pratiquement certaine que Max ne s'opposerait pas à ce qu'Arthur prenne le train Lego®.) Arthur fut très content de prendre le train Lego® à roues... tout en continuant de serrer la petite voiture. Il avait maintenant deux des jouets de Max !

À ce moment-là, rien n'indiquait que ce que j'étais en train de faire « marchait ». Alors, pourquoi continuer ? Parce que je crois que tout être humain est habité du désir inné de contribuer au bien-être des autres. Même lorsque les enfants sont très jeunes et très centrés sur la satisfaction de leurs besoins, l'un de ceux-ci est de contribuer à rendre la vie des autres plus agréable. Je crois que nous pouvons tirer parti de leur générosité en manifestant notre confiance dans leur besoin de contribuer, en exprimant clairement cette confiance et en les invitant à agir sans aucune contrainte. Cet aspect est essentiel, car aucun élan de générosité ne naît sous la contrainte.

Servir de modèle aux enfants

À mes yeux, il est tout aussi important de montrer aux enfants, en leur servant de modèle, que les besoins de tout le monde comptent et peuvent être satisfaits. Pour cela, je leur fais voir de manière active, en utilisant la CNV, que leurs besoins sont importants pour moi. L'essentiel, ici, est de montrer l'exemple du comportement que nous voulons leur enseigner. Si nous ne voulons pas qu'ils arrachent des jouets des mains des autres, nous n'arrachons rien des leurs. Presque chaque fois que je suis près d'un groupe d'enfants, je vois un adulte dire « On n'arrache pas les objets des mains ! » tout en enlevant de force un jouet des mains d'un enfant pour le donner à un autre. Cette intervention peut paraître logique à nos yeux d'adultes, parce que nous agissons pour satisfaire nos besoins de justice, de considération et de soutien aux enfants. Pourtant, elle n'est pas fondamentalement différente de l'action d'une petite fille qui s'empare d'un jouet parce qu'elle veut combler ses besoins de jeu, d'autonomie et d'exploration.

Lorsqu'Arthur, après que je lui eus donné le train, refusa de rendre la voiture, son père et Max se crispèrent à nouveau, alors qu'Arthur paraissait très absorbé par notre conversation. Le père d'Arthur répéta sa suggestion de lui enlever la voiture des mains. Je leur parlai, tout en continuant de regarder Arthur dans les yeux. « J'aimerais continuer à parler avec Arthur. Je ne veux pas l'obliger à donner la voiture. J'aimerais continuer à parler et voir s'il serait *d'accord* pour la rendre. » Max s'approcha ensuite d'Arthur, tandis que son père et moi-même le regardions, et s'adressa directement à lui. « Arthur », dit-il, « pourquoi tu ne prends pas le train Lego® ? Tu peux l'amener chez toi, et me rendre la voiture. » Comme Arthur ne lui donnait pas la voiture, Max tendit à nouveau la main pour la lui reprendre, mais je m'approchai alors et dis une fois encore à chacun d'eux, que je voulais vraiment discuter jusqu'à ce que nous réglions la question. À ce moment, Arthur se tourna vers Max, complètement détendu, et lui donna la petite voiture. Il me sembla que, pour tenir compte *de son plein gré* des souhaits d'un autre, Arthur avait besoin d'être assuré qu'on ne le *forcerait* pas à faire quelque chose qu'il ne voulait pas. Son père parut stupéfait de son comportement.

En revanche, moi, je n'étais pas surprise. L'usage de la CNV déclenche presque toujours un basculement intérieur, au moins chez l'un des deux protagonistes d'un conflit – et souvent chez les deux. Lorsque nous avons l'assurance que nos propres besoins comptent vraiment pour les autres, nous pouvons souvent choisir avec plus de recul la stratégie à adopter à ce moment précis. Si Arthur n'avait pas changé d'attitude, je me serais tournée vers Max pour voir si lui était prêt à changer d'avis. Parfois, le simple fait de prendre acte de ce que vit chacun des deux enfants répond à leur besoin d'être rassurés : ma demande n'est pas une exigence et je me soucie de leurs besoins respectifs. Cette confiance les aide à faire preuve de bienveillance l'un envers l'autre.

Répondre aux besoins de chacun

Lorsque je fais le choix d'utiliser la CNV, je m'attache à identifier et à reconnaître les besoins de chacun. Les deux enfants qui voulaient la voiture avaient un besoin d'autonomie, c'est-à-dire de choisir eux-mêmes ce qu'ils feraient. Nous avons tous ce besoin, et il se manifeste le plus vivement lorsqu'on nous dit que nous « devons » faire quelque chose. En entendant qu'on lui prendrait peut-être la voiture, Arthur la serrait encore plus fort. Pour combler son besoin d'autonomie, il devait trouver un moyen de vivre la restitution de la voiture comme étant *son* choix. Max, de l'autre côté, avait également besoin de pouvoir choisir ce qu'il allait advenir de son jouet. Il aurait du mal à accepter que d'autres enfants jouent avec ses jouets s'il pensait que cela le prive de choisir l'endroit où se trouvent ses jouets.

Je voulais nourrir ce besoin d'autonomie – *et* de considération – chez les deux enfants. Si j'avais enlevé la voiture des mains d'Arthur, j'aurais fait passer, à lui-même et à Max, le message qu'il est nécessaire de faire appel à la force, alors même que je leur disais à tous deux de ne pas le faire. Je me suis donc retenue et j'ai fait acte de foi : j'ai voulu croire que nous pouvions résoudre cette situation sans recourir à la force, qu'au moins l'un d'eux choisirait d'agir par considération pour l'autre et que, dans ce processus, nous agirions non seulement pour régler ce conflit dans la paix, mais aussi pour nourrir chez les deux enfants la croyance dans la possibilité de l'attention à l'autre, de la compréhension et de la paix.

Voilà l'espoir que je formule pour tous les enfants, et pour les êtres humains en général : puissions-nous nourrir en nous-mêmes et en nos enfants la conviction que la paix est possible – et nous donner aussi les moyens de réaliser cette paix. Nous pouvons y contribuer en agissant de manière à servir de modèle à nos enfants.

Exercice 8 : faire de la médiation entre des enfants

Pensez à une situation de conflit entre vos enfants, à propos de laquelle vous n'êtes pas satisfait(e) de votre médiation.
(Si vous n'avez qu'un enfant, pensez à une situation avec des amis.)
1. Décrivez brièvement la situation en langage d'observation.
2. Comment vous sentez-vous par rapport à cette situation ?

3. Quels sont vos besoins par rapport à cette situation ?
4. Quelle demande adressez-vous à vous-même ou à vos enfants – par rapport à cette situation ?
5. Pensez à l'un des enfants et notez votre interprétation de ses sentiments et besoins. Notez cette interprétation sous la forme d'une supposition empathique.
6. Pensez au second enfant et notez votre interprétation de ses sentiments et besoins. Notez cette interprétation sous la forme d'une supposition empathique.
7. Par écrit, ou en le faisant avec un partenaire, exprimez vos propres sentiments, besoins et demandes, et répondez avec empathie à ce qu'exprime chaque enfant. Pensez à deviner les sentiments et besoins des enfants au lieu d'interpréter ce que vous les avez entendus dire.

Les compliments

Je crois qu'aider une autre personne, la soutenir ou contribuer d'une quelconque manière à son bien-être est l'une des expériences les plus agréables que l'on puisse faire dans la vie, et recevoir de tels bienfaits est également merveilleux. C'est pourquoi je termine toujours les ateliers que j'anime par une petite session consacrée à l'utilisation de la CNV pour exprimer la gratitude et l'appréciation. Si je tiens à explorer ce thème, c'est aussi parce que je pense qu'il est important de réduire notre dépendance par rapport aux compliments et aux récompenses. Marc, père de deux enfants en âge scolaire, m'a posé la question suivante :

J'ai toujours essayé d'encourager mes enfants dans leur développement en louant certains de leurs comportements, bien que je ne croie pas aux compliments ou à la critique de la personne. Par exemple : « Je constate que tu fais du bon boulot en étant si patient, si généreux, etc. » Ou « Je te remercie d'être aussi coopératif et respectueux pendant tes exercices de violon. C'est du bon travail ! » Quel est votre point de vue sur les compliments ?

Je me méfie de l'utilisation des compliments, même lorsqu'ils portent sur une action plutôt que sur une personne. J'évite les compliments, pour les mêmes raisons que j'évite les critiques : les uns et les autres sont, à mes yeux, étonnamment similaires. Que je loue ou que je critique l'action de quelqu'un, je sous-entends que je suis son évaluateur, que je suis là pour noter son travail ou son action.

Voici un bref exemple : un après-midi, nous jouions au frisbee© avec ma famille et quelques amis. Lorsque mon fils, alors âgé de trois ans, lança le frisbee©, celui-ci décrivit un grand arc de cercle et atterrit de l'autre côté de la cour. L'ami adulte qui se trouvait avec nous s'exclama : « Tu es drôlement bon au frisbee© ! » Mon fils ramassa le frisbee©, le lança à nouveau, et il s'écrasa un ou deux mètres devant lui à peine. Il dit alors : « Je suis nul au frisbee©. » Il me sembla avoir très bien compris le message selon lequel, au frisbee©, on est soit bon, soit nul.

Passer des jugements aux observations

En effet, lorsque nous complimentons quelqu'un, nous sous-entendons que le « bon » peut devenir « mauvais ». Mais pourquoi nous mettre ainsi dans la position d'un évaluateur ? Nous pouvons exprimer notre engagement actif en faveur des actions ou créations de nos enfants sans pour autant les évaluer. Au lieu de dire que telle chose est bonne ou mauvaise, nous pouvons essayer d'émettre des observations et de nous relier au fait que certains comportements répondent ou non à nos besoins. « Drôlement bon au frisbee© » pourrait être remplacé par une simple observation : « Ce frisbee© a traversé toute la cour ». On pourrait aussi exprimer des sentiments et des besoins en langage simplifié : « J'adore le voir flotter dans l'air comme cela ». Alors, lorsque le frisbee© tombe tout de suite, ce n'est pas nul. C'est peut-être quelque chose comme ceci : « Celui-là est tombé tout près de toi ». Et ensuite, si cela semble important pour l'enfant, une supposition empathique pourrait être ajoutée : « Tu es déçu ? Tu aimerais bien pouvoir le lancer plus loin ? » Ou : « Tu as envie de t'entraîner pour être capable de l'envoyer aussi loin que tu veux ? »

Les compliments m'inquiètent aussi pour une autre raison, plus grave. Avec les récompenses, ils créent un système dans lequel le comportement est motivé par des facteurs extérieurs : les enfants (et les adultes) finissent par agir dans le but de recevoir des compliments ou des récompenses. Je veux contribuer à ce que les enfants puisent en eux-mêmes les motivations de leurs actes : qu'ils prennent plaisir à accomplir une action particulière pour elle-même, parce qu'ils sont en accord avec les besoins qu'ils souhaitent combler. Je veux que personne ne lance un frisbee©, ne nettoie la maison, ne fasse ses devoirs ou n'aide une personne qui en a besoin dans le but d'être complimenté ou accepté. J'aimerais que ses actions soient motivées par la joie du jeu ou par le désir de contribuer à son propre bien-être et à celui des autres. Ce profond sentiment de plaisir se perd lorsque les récompenses viennent de l'extérieur. (Pour ceux qui souhaitent en lire davantage sur ce sujet, je recommande le livre *Punished by Rewards** d'Alfie Kohn.)

Plutôt que de décerner des compliments ou des louanges, la CNV propose un moyen puissant de nous relier aux autres lorsque leurs actions nous font plaisir : leur dire quelle est la chose qu'ils ont faite qui a enrichi notre vie, les sentiments que nous éprouvons en rapport à cela, ainsi que ceux de nos besoins qui ont été comblés. Reprenons l'exemple de Marc. Il a dit à son enfant : « Je trouve génial que tu sois si patient ». S'il veut utiliser la CNV, Marc essaiera de formuler une observation claire, parce qu'« être patient » est une interprétation. Il pourrait dire : « J'ai remarqué que tu t'es occupé, sans me parler, pendant tout le temps que j'ai passé au téléphone.

---

* N.d.T. Traduction libre : *Puni par les récompenses.*

Je t'en suis très reconnaissant, parce que j'avais besoin de soutien pour pouvoir me concentrer sur ma conversation ». (Bien entendu, le ton de voix et le regard font davantage passer la chaleur du sentiment que les mots ne peuvent le faire.)

Le deuxième exemple de Marc était le suivant : « Je te remercie d'être aussi coopératif et respectueux pendant tes exercices de violon. C'est du bon travail ! » Là encore, je suggérerais de se concentrer d'abord sur l'observation. Quelles sont les paroles ou actions de l'enfant que Marc interprète comme étant de la coopération ou du respect ? Ensuite, développons l'expression pour y inclure les sentiments et les besoins. Par exemple : « En te voyant faire tes exercices de violon pendant vingt minutes aujourd'hui, alors que je ne te les avais pas rappelés, je me suis senti très heureux, parce que j'apprécie qu'il y ait de la complicité et de la paix entre nous. J'étais aussi réjoui parce que j'adore partager la musique avec toi ».

Comme toujours en CNV, il n'est pas tellement important que les mots utilisés soient très précis. Ce qui compte, c'est notre intention d'exprimer notre appréciation ou notre gratitude, non pas dans le but de motiver ou d'évaluer, mais comme un moyen de nous relier à l'autre et de fêter notre contentement avec lui. S'il nous arrive parfois de nous exclamer spontanément : « Bon boulot ! », ne nous inquiétons pas. Mais continuons à explorer les moyens de sortir du rôle de celle ou celui qui évalue ou motive, pensons davantage à dire ce que nous voyons et à exprimer à la première personne la manière dont cela nous touche ; ainsi, nous donnerons à nos enfants le cadeau de la reconnaissance et le bonheur de savoir que leurs actions ont rendu notre vie plus belle.

Exercice 9 : gratitude et appréciation
Idées essentielles :
- Juger quelque chose comme « bon » ou « juste » n'est fondamentalement pas différent de le juger « mauvais » ou « injuste ». Le mode de fonctionnement est le même dans les deux cas, et notre évaluation peut facilement passer de « bon » à « mauvais ». En traduisant nos évaluations positives en langage CNV, nous nous libérons de ce mode de fonctionnement et de notre rôle de « juge ».
- Lorsque nous apprécions quelque chose ou que nous sommes reconnaissants, le fait d'exprimer les besoins qui sont nourris chez nous peut être puissant et profondément satisfaisant, pour nos enfants et pour nous.
- En exprimant nos observations, sentiments et besoins au lieu de formuler des compliments, nous aidons nos enfants à combler leurs besoins de trouver leur motivation en eux-mêmes et de contribuer au bien-être d'autrui.

1. Pensez à quelque chose que votre enfant a fait qui a influencé votre vie au point que vous en éprouvez de la reconnaissance, ou pensez à un acte de

votre enfant pour lequel vous l'avez complimenté ou seriez susceptible de le complimenter. Exprimez votre gratitude ou « compliment » en CNV :
Qu'a fait votre enfant ? ....
....
Comment vous sentez-vous par rapport à cet acte ?
....
....
Lesquels de vos besoins ont été assouvis par cet acte ? ....
....

2. Appliquez le même processus pour identifier un acte pour lequel vous avez de la reconnaissance vis-à-vis de vous-même en tant que parent :
Qu'ai-je fait ou que suis-je en train de faire ? ....
....
Comment est-ce que je me sens par rapport à cet acte ? ....
....
Lesquels de mes besoins ont été ou sont satisfaits par cet acte ? ....
....

Débuter en CNV

Il est fréquent que les parents qui découvrent la CNV aient un soudain élan d'espoir ou d'inspiration par rapport à ce que leur vie familiale pourrait être. Mais lorsqu'ils essaient de mettre leurs nouvelles compétences en pratique, il arrive qu'ils se sentent découragés. Comme dans tous les aspects de la vie, changer demande du temps. Il peut paraître un peu effrayant, au début, de focaliser son attention sur les sentiments et besoins et de s'attacher à formuler des demandes plutôt que des exigences. Pourtant la CNV, comme tout nouveau langage, peut s'apprendre et s'intégrer dans la vie quotidienne. En commençant à utiliser la CNV alors que leurs enfants sont encore très jeunes, les parents s'accordent un formidable avantage : le temps d'apprendre et de pratiquer l'auto-empathie, de reconnaître les besoins, de construire la confiance et la relation. Cela dit, on peut commencer à faire de la CNV à *tout* âge et la dynamique familiale *peut* en être transformée.

Parfois, l'introduction de la CNV peut faire une différence immédiate, comme dans le cas de Chantal. Chantal, mère de deux adolescents, participait à un atelier destiné aux parents. Juste avant le déjeuner, elle demanda à parler de ce qui l'attendait à la maison : elle s'apprêtait à rentrer et emmènerait ensuite son fils de 15 ans en revenant à l'atelier. La veille au soir, elle lui avait demandé d'accomplir deux ou trois tâches ménagères avant de manger. Pourtant, elle était pratiquement sûre qu'il serait encore au lit quand elle rentrerait. Elle craignait d'avance ce qui se passerait pendant cette heure-là : elle adresserait des reproches et des exigences à son fils, ils se disputeraient au sujet des tâches non accomplies, et il ne les ferait pas. Elle se demandait comment utiliser la CNV pour gérer cette situation.

Lorsqu'un parent demande de l'aide, il est tentant de proposer des conseils ou des stratégies. Mais lorsque nous travaillons avec la CNV, nous essayons plutôt d'offrir le cadeau de notre présence et d'établir un lien de qualité avec l'autre personne, en sachant que celle-ci a généralement plus besoin d'empathie que de conseils. J'offris donc à Chantal de l'empathie, c'est-à-dire l'occasion de se relier plus profondément à ses sentiments et besoins dans cette situation. Les sentiments que nous contactâmes allaient de l'épuisement et de la lassitude – parce que ses besoins de soutien et de confort n'étaient pas comblés – au découragement et même au désespoir, parce qu'elle avait besoin de plus de confiance et de plus de proximité avec son fils. Chantal pleura en touchant la profonde tristesse que provoquait chez elle l'état de sa relation avec ses deux adolescents. Avant de prendre la pause du déjeuner, nous lui rappelâmes comment s'exprimer selon les étapes du processus de la CNV, et comment entrer en empathie avec les sentiments et besoins de son fils s'il répondait « non » à ses demandes.

Après le déjeuner, nous voulûmes tous savoir ce qui s'était passé à la maison. « Vous n'allez pas le croire », se réjouit Chantal. Elle expliqua que, quand elle était rentrée, son fils était effectivement encore en train de dormir. Elle le réveilla, lui fit part de ses observations, de ses sentiments et besoins, puis lui demanda de faire les tâches ménagères dont il était question. Son fils accepta et fit la première d'entre elles. Un peu plus tard, quand elle le vit assis sur le canapé, elle utilisa à nouveau les quatre étapes de la CNV, pour lui demander de faire le deuxième travail. Là encore, son fils s'exécuta. Puis il se tourna vers elle et lui demanda : « Maman, pourquoi me parles-tu de cette façon ? » Elle répondit : « Eh bien, je participe à un atelier de communication ce week-end. » Il reprit : « Continue, Maman, ça marche ! »

Comme Chantal, les parents indiquent souvent qu'un changement dans leur façon de parler à leurs enfants peut transformer radicalement la manière dont ceux-ci réagissent. Une mère m'a raconté que la première fois où elle a utilisé la CNV lors d'une dispute entre ses enfants a aussi été la première fois où elle a été vraiment contente des résultats de sa médiation. D'autres ont décrit ce changement comme « miraculeux ». Lorsqu'ils constatent une évolution rapide, il se peut que les parents se sentent encouragés à poursuivre dans cette nouvelle voie.

D'autres parents trouvent qu'il faut énormément de temps et d'efforts pour modifier des habitudes de communication et des schémas de comportement profondément enracinés. Lorsque les changements sont lents à venir, les parents se sentent fréquemment découragés, confus et submergés. Dans pratiquement toutes les circonstances, être parent représente un sacré défi. Et essayer de modifier la manière dont on joue ce rôle peut sembler rebutant. En pareilles situations, il est capital que les parents reçoivent un soutien supplémentaire, de préférence sous forme d'empathie, de compagnie et d'apprentissage avec d'autres adultes. Des réseaux de pratique de la CNV pouvant offrir ce soutien se développent dans le monde entier. S'il n'en existe pas dans votre région, peut-être pouvez-vous obtenir de l'aide par téléphone ou par courrier électronique (vérifiez les ressources à votre disposition sur le site Web du Centre international pour la CNV). De plus, toute personne qui apprend la CNV peut choisir de créer son propre groupe de pratique avec des amis ou des membres de sa famille, dans son foyer, à l'école, dans son institution religieuse, son quartier, voire son entreprise.

Même lorsque les schémas de relation tardent à se modifier, les parents racontent les changements qu'ils vivent *intérieurement*. La guérison personnelle, l'approfondissement de la relation à soi-même, une meilleure compréhension de soi et de ses enfants, un espoir accru sont autant de cadeaux qu'ils reçoivent, même lorsque leur comportement ou celui de leurs enfants évolue lentement.

Reconnaître les différences entre enfants :
Le tempérament et le développement

Même s'il est puissant et efficace pour gérer les problèmes dans le domaine social et politique, le langage de la CNV ne permet pas, *en soi*, de relever les énormes défis auxquels les parents font face lorsqu'ils ne possèdent pas les ressources financières ou sociales pour satisfaire leurs propres besoins ou ceux de leurs enfants. La CNV n'élimine pas les inégalités sociales liées à la race, au sexe, à la classe sociale, à l'orientation sexuelle, aux aptitudes physiques, etc. Elle ne nous prépare pas davantage aux difficultés spécifiques que nous rencontrons, en tant que parents, par rapport aux besoins de nos enfants et aux phases qu'ils traversent du point de vue de leur développement, de leur physique et de leur tempérament. Ce livret n'a pas l'ambition de traiter des deux premiers aspects évoqués, mais j'aimerais mettre en lumière quelques points ayant trait au développement et au tempérament.

Les personnes d'âges et de tempéraments différents ont tendance à vivre certains besoins d'une manière particulièrement intense. Comprendre les besoins essentiels que peut avoir un enfant d'un certain âge peut être très utile pour développer notre bienveillance et notre patience à son égard, et aussi pour aborder les difficultés liées à la satisfaction de ses besoins essentiels.

Par exemple, l'un des besoins les plus forts que l'on rencontre habituellement chez les bébés qui commencent à ramper ou à marcher est le besoin d'explorer le monde qui les entoure. Il s'agit d'un besoin commun à tous les êtres humains mais, pour les enfants de cet âge, cette volonté d'exploration est carrément *irrésistible,* même si elle les empêche de satisfaire d'autres besoins (de sécurité ou d'harmonie dans le ménage, par exemple). Ils ne « peuvent pas s'empêcher » d'ouvrir les armoires, de lancer de la nourriture, de tirer sur les fils des appareils électriques, etc., parce que ces actes sont des stratégies puissantes pour répondre à leur besoin d'exploration. Lorsque les parents essaient d'amener leurs enfants en bas âge à cesser de faire certaines choses, ils ont peu de chances de réussir, et s'ils y parviennent, ce sera au détriment de l'aide qu'ils pourraient apporter à leurs enfants pour combler leurs besoins essentiels.

L'un des défis du métier de parent est de mobiliser autant de créativité et d'énergie que possible pour essayer de satisfaire les besoins fondamentaux des enfants par des moyens acceptables pour les parents. Dans l'exemple donné ici, on pourrait atténuer largement les tensions qui apparaissent lorsque le besoin d'exploration des tout-petits est à son apogée, en mettant hors de leur portée tout ce qui est dangereux pour eux dans la maison.

Un autre besoin généralement très fort chez les enfants est celui de jouer. Le jeu est une stratégie essentielle pour les enfants, parce qu'il les aide à combler leurs besoins d'apprentissage, de compagnie, de joie, d'exploration, de découverte, de pouvoir, de créativité et de croissance, entre autres. De nombreux adultes, parce qu'ils ne prennent pas le temps de jouer ou n'apprécient guère la façon de jouer créative et imaginative des enfants, manquent souvent des occasions de faire appel au jeu en tant que stratégie permettant de combler les besoins de chacun. Les luttes de pouvoir pourraient souvent se terminer en un instant si les parents profitaient des ouvertures qu'offre une interaction faite sur un mode ludique.

Récemment, je regardais une mère aider son petit garçon de quatre ans à faire la transition entre le jeu auquel il jouait avec un ami, chez qui il était en visite avec sa famille pendant le week-end, et la perspective du retour chez lui. La première fois que la maman dit au garçon qu'elle voulait partir bientôt, il répondit : « D'accord. ». Elle le prévint cinq minutes avant de partir ; cette fois, il ne répondit pas. Ensuite, quand elle voulut monter dans la voiture, il refusa. La mère manifesta de la compréhension empathique pour le plaisir qu'il avait à être avec son ami, ainsi qu'avec son envie de prolonger la visite. Elle exprima son désir de partir, compte tenu de la longue route qui les attendait. Puis elle dit : « Voici un ticket pour garer ta trottinette. C'est pour la place D-3 ». Le garçon prit le ticket et conduisit résolument la trottinette de son ami jusqu'à la « place D-3 ». Sa mère dit ensuite : « Maintenant, j'aimerais voir ton billet d'avion pour que tu puisses embarquer ». Il lui montra un billet imaginaire, elle l'examina pendant un moment, le lui rendit et lui dit que son siège se trouvait au milieu sur la banquette arrière. Il monta dans la voiture, tout content.

La « place de parking D-3 » et le billet d'avion étaient des inventions à la fois efficaces et pleines de bienveillance. Efficaces, dans la mesure où elles produisirent les résultats que la mère espérait – facilité et connexion – tout en faisant avancer la transition entre le jeu et le départ. Mais aussi pleines de bienveillance, parce qu'elles tenaient compte des aspirations du garçon : aspiration à prendre soin de ses besoins d'attention, de jeu et, comme sa mère, de confort et de qualité de lien sur leur chemin de vie.

Si une connaissance élémentaire des besoins liés au développement de l'enfant peut être utile à certains parents, la compréhension des différences fondamentales de tempérament peut apporter un soulagement énorme à d'autres. Dans notre société, on considère généralement le rôle de parent comme une expérience générique, en occultant les difficultés très diverses auxquelles les parents d'enfants différents sont confrontés. Tous les enfants naissent dissemblables, chacun constituant une manifestation propre et unique de la nature humaine. S'ils ont les mêmes besoins fondamentaux, ils vivent et expriment ces besoins différemment et avec une intensité qui leur est propre. C'est pourquoi l'expérience d'être parent peut être très diverse selon les enfants ; il en ira de même de la façon d'utiliser la CNV avec eux.

Un bébé pourra avoir tendance à se montrer calme et contemplatif, heureux d'être couché sur une couverture pendant que son père ou sa mère s'occupe d'autre chose. Un autre pleurera toutes les larmes de son corps dès qu'il ne sera plus tenu dans les bras. En cas de conflit ou d'émotion vive, un enfant sera très heureux de se mettre en contact avec ses parents, tandis qu'un autre aura besoin de son propre espace. Face à des enfants dont les besoins paraissent plus intenses, de nombreux parents se sentent complètement submergés, épuisés, découragés, confus ou en colère. En pareille situation, il leur est facile de se juger – ou de juger leurs enfants – avec dureté. Leurs propres besoins – de soutien, de compréhension, d'acceptation, de tranquillité d'esprit, d'espoir, etc. – sont douloureusement inassouvis. J'aimerais offrir du soutien à ces parents en reconnaissant précisément les défis particuliers qui sont les leurs, ainsi qu'en encourageant tous les parents à accroître leurs ressources extérieures à la famille, en mettant sur pied des communautés avec d'autres.

Exercice 10 : les prochaines étapes

1. Lorsque vous envisagez d'utiliser la CNV dans votre rôle de parent à l'avenir :
   a. Quels besoins espérez-vous combler ? Comment vous sentez-vous à l'idée que ces besoins puissent être satisfaits ?
   b. Quels besoins craignez-vous de ne pas combler ? Comment vous sentez-vous à l'idée que ces besoins puissent ne pas être satisfaits ?
   c. Pouvez-vous imaginer des stratégies susceptibles de vous aider à combler les besoins qui vous préoccupent tout en continuant à utiliser la CNV dans votre rôle de parent ?
2. Quelles sont les situations précises qui pourraient être difficiles pour vous dans l'utilisation

de la CNV au sein de votre famille ? (Formulez également vos observations.)
3. Si une situation difficile vous concerne, pouvez-vous dire quels sont vraisemblablement vos sentiments et besoins dans cette situation ?
4. Si une situation difficile concerne une autre personne, pouvez-vous dire quels peuvent être ses sentiments et besoins dans cette situation ?
5. Aimeriez-vous recevoir une aide particulière pour combler votre besoin de soutien dans l'utilisation de la CNV avec votre famille et, si oui, de la part de qui ? Pouvez-vous imaginer des observations, sentiments, besoins et demandes spécifiques dont vous pourriez faire part à cette personne ?
6. Y a-t-il autre chose que vous souhaitez noter pour vous aider à répondre à vos besoins ?

Être un parent pour la paix

Ouvrez un journal et immanquablement vous y lirez la description d'un monde bien différent de celui dont nous rêvons pour nos enfants. Sur le plan local comme à l'échelle mondiale, la guerre, la violence et la destruction de l'environnement font partie de notre vie. Quelles sont les ressources et les compétences dont nous avons besoin, en tant que société, pour soutenir l'avènement de la paix et vivre en harmonie avec la nature ? Comment les parents peuvent-ils contribuer à l'évolution de la société vers la non-violence ? Que pouvons-nous enseigner à nos enfants afin que leur génération vive dans un monde réellement différent ?

Voici quelque temps, mon fils, alors âgé de près de quatre ans, me demanda de lui lire un livre sur les châteaux qu'il avait emprunté à la bibliothèque. Il avait choisi ce livre parce qu'il aimait la collection *Eyewitness** et qu'il dévorait tous les ouvrages que nous pouvions trouver dans cette collection, quel que soit leur sujet. Mais celui-ci ne me plaisait pas. Il montrait non seulement des châteaux, mais aussi des chevaliers, des armures et toutes sortes d'armes utilisées lors des batailles des siècles passés.

Je n'étais pas prête pour les armes. À mes yeux, le fait que mon fils n'aille pas à la maternelle et ne regarde pas la télévision présentait notamment l'avantage de limiter fortement son exposition à la violence. À l'époque, il n'avait jamais prononcé le terme « fusil » ni joué à la guerre. Il ignorait que celle-ci existait et que les hommes pouvaient délibérément se faire mal les uns aux autres. Mais le livre sur les châteaux était là, et il voulait le lire.

Je n'essayais pas de protéger mon fils de la réalité de la violence et de la souffrance dans le monde, mais j'ai souvent la grande chance, le privilège, de pouvoir choisir de quelle manière et à quel moment cette réalité entre dans notre vie. Je lui lus une partie du livre, en y ajoutant de nombreux commentaires. Mais

---

* N.d.T. : collection de livres éducatifs.

quelques jours plus tard, lorsqu'il me demanda de le lui lire à nouveau, je dis que je préférais ne pas le faire. « Pourquoi ? », demanda-t-il. Je répondis que je me sentais très triste lorsque les gens étaient violents entre eux, parce que j'étais convaincue que les êtres humains peuvent trouver des moyens pacifiques de résoudre leurs conflits.

D'autres questions suivirent, bien entendu. En réponse à l'une d'entre elles, j'expliquai que j'étais triste non seulement pour l'époque où il y avait des chevaliers et des châteaux, mais autant pour le présent : dans la région où j'ai grandi, les Israéliens et les Palestiniens se battent aussi. « Pourquoi se battent-ils ? », demanda-t-il. « Parce qu'ils veulent tous le même territoire et qu'ils n'ont pas encore trouvé le moyen d'en parler. » « Je leur apprendrai ! », proposa-t-il. « Qu'est-ce que tu leur apprendras ? » « Je leur apprendrai que chacun peut avoir une partie du territoire, qu'ils peuvent partager », dit-il simplement. « Le seul problème », poursuivit-il, « c'est que je ne sais pas comment les trouver ».

En entendant ses paroles, je ressentis de la joie mélangée à du chagrin. C'était merveilleux d'entendre dans la bouche de mon fils – comme dans celle de tant d'autres enfants – le désir de contribuer au monde et la conviction qu'il est possible de résoudre les conflits de manière pacifique. En même temps, ses paroles – « je ne sais pas comment les trouver » – étaient tellement justes ! *Comment trouver* le cœur de nos « ennemis » pour leur adresser un message de paix ? Comment trouver notre *propre* cœur et l'ouvrir à ceux dont les actes nous déplaisent profondément ?

Cette recherche de notre propre cœur et de celui des autres occupe une place centrale dans mon espoir de paix, et c'est elle qui a le plus influencé la manière dont j'exerce mon rôle de parent. Mon expérience de la parentalité et de l'enseignement de la CNV me donne la conviction que ce qui se passe dans nos familles est le reflet de ce qui se passe dans nos sociétés et y contribue tout à la fois. Tout comme les « ennemis » ne perçoivent pas leur humanité respective, nous non plus, parfois, nous ne parvenons pas à entrer en lien avec les autres – même ceux que nous aimons – de manière compatissante. La principale difficulté dont me parlent le plus souvent les parents tient au fait que, alors qu'ils aspirent à la paix et à l'harmonie chez eux, ils se mettent en colère contre leurs enfants plus souvent et plus rapidement qu'ils ne le voudraient.

Je souhaiterais que les parents aient davantage de ressources pour gérer les causes premières de la colère, et aussi pour résoudre les conflits et les difficultés quotidiennes. Malheureusement, les modèles de résolution de conflits que la plupart d'entre nous appliquent font appel à des jugements, à des exigences, à des punitions et à des récompenses. Tous ces moyens peuvent parfois paraître efficaces, mais ils ont tendance à renforcer l'engrenage de la colère plutôt qu'à l'atténuer.

Les enseignements que les enfants retirent de tels modèles correspondent rarement aux intentions des parents. Plutôt que la coopération, l'harmonie et le respect mutuel, ils risquent d'apprendre la dure leçon de la domination : c'est le plus fort qui décide, et les autres n'ont qu'à se soumettre ou à se rebeller. Et ainsi, nous entretenons le cycle de la domination, qui rapproche toujours plus les êtres humains de leur propre autodestruction.

Une excellente occasion nous est donnée, à nous parents, de vivre et de montrer à nos enfants un modèle de fonctionnement différent, un modèle qui les dotera des outils de vie nécessaires pour être en relation avec autrui, résoudre les conflits et contribuer à la paix. Un élément essentiel pour acquérir ces outils est de modifier notre conception de la nature humaine. La CNV nous enseigne que tous les êtres humains ont les mêmes besoins profonds, et qu'ils peuvent se relier les uns aux autres lorsqu'ils comprennent leurs besoins respectifs et les accueillent de façon empathique. Nous nous engageons dans des conflits, non pas parce que nous n'avons pas les mêmes besoins, mais parce que nos stratégies pour les combler sont différentes. Ce sont les stratégies qui déclenchent nos querelles, nos combats ou nos guerres, surtout lorsque nous voyons dans la stratégie de l'autre un obstacle à la satisfaction de nos propres besoins.

Cependant, la CNV nous suggère que *toute* stratégie, pour inefficace, tragique, violente ou odieuse qu'elle puisse paraître à nos yeux, est une tentative de répondre à un besoin. En voyant les choses de cette façon, nous sortons de la dichotomie qui veut qu'il y ait des « gentils » et des « méchants » pour concentrer notre attention sur l'être humain à l'origine de toute action. Lorsque nous comprenons les besoins qui motivent notre comportement et celui des autres, nous n'avons pas d'ennemis. Nous parvenons à percevoir l'humanité dans toute personne, même si nous trouvons son comportement profondément dérangeant. Forts de la créativité et des ressources considérables dont nous disposons, nous pourrons trouver et – je l'espère bien – nous *trouverons* de nouvelles stratégies pour combler tous nos besoins.

Lorsque l'on est aux prises avec la réalité quotidienne et écrasante de la vie de famille, il est très difficile de transformer son rôle de parent. Pourtant, cette transformation permet une grande profondeur de relation et une grande confiance entre les membres de la famille. Et au-delà de ses effets sur chaque famille individuelle, une parentalité qui établit une relation étroite entre parents et enfants peut contribuer à faire évoluer notre société vers un monde où les besoins de tous comptent et où la paix est une réalité – peut-être pour la génération de nos enfants, peut-être pour les générations futures. Ce monde sera le nôtre lorsque les êtres humains auront appris à parler le langage de la compassion.

Quelques besoins fondamentaux que nous partageons tous

Autonomie
Choisir nos rêves, nos buts, nos valeurs
Choisir notre manière de concrétiser nos rêves, nos buts, nos valeurs

Célébration
Célébrer la création de la vie et la réalisation de nos rêves
Célébrer la perte des êtres chers, de nos rêves, etc. (deuil)

Intégrité
Authenticité
Créativité
Estime de soi
Sens

Interdépendance
Acceptation
Amour
Appartenance communautaire
Appréciation
Compréhension
Confiance
Considération
Contribution à l'enrichissement de la vie, au bien-être
Empathie (accueil bienveillant des sentiments et besoins)
Honnêteté (l'honnêteté qui nous permet
d'apprendre à partir de nos limites)

Proximité
Réassurance
Respect
Sécurité émotionnelle
Soutien

Nourriture sur le plan physique
Abri
Air
Eau
Expression sexuelle
Mouvement, exercice
Nourriture
Protection contre ce qui menace la vie : virus, bactéries, insectes, animaux prédateurs
Repos
Toucher

Jeu
Amusement
Rire

Communion d'esprit
Beauté
Harmonie
Inspiration
Ordre
Paix

Pratiquer le processus de la CNV

Je dis honnêtement comment je me sens, sans formuler de reproches ni de critiques.	J'accueille avec empathie ce que tu ressens, en n'entendant ni reproches ni critiques.

Observations

1. Les faits concrets que j'observe (vois, entends, me rappelle, imagine – sans y ajouter mes évaluations) qui contribuent ou non à mon bien-être :
   « *Lorsque je vois, entends…* »

1. Les faits concrets que tu observes (vois, entends, te rappelles, imagines – sans y mettre tes évaluations) qui contribuent ou non à ton bien-être :
   « *Lorsque tu vois, entends…* »
   (Cette étape est parfois sautée lorsqu'on offre de l'empathie)

Sentiments

2. Comment je me sens (émotion ou sensation plutôt que pensée) par rapport à ces faits :
   « *Je me sens…* »

2. Comment tu te sens (émotion ou sensation plutôt que pensée) par rapport à ces faits :
   « *Tu te sens…* »

Besoins

3. L'énergie vitale, exprimée sous forme de besoins, de valeurs, de désirs, d'attentes ou de pensées qui engendrent mes sentiments (au lieu d'une préférence ou d'une action spécifique) : « Parce que j'ai besoin de… j'accorde de la valeur à… »

Demandes

Je demande clairement ce qui pourrait embellir ma vie, sans l'exiger.

4. Les actions concrètes que j'aimerais voir : « Serais-tu d'accord pour… ? »

3. L'énergie vitale exprimée sous forme de besoins, de valeurs, de désirs, d'attentes ou de pensées qui engendrent tes sentiments (au lieu d'une préférence ou d'une action spécifique) : « Parce que tu as besoin de… tu accordes de la valeur à… »

J'accueille avec empathie ce qui pourrait embellir ta vie, sans entendre d'exigence.

4. Les actions concrètes que tu aimerais voir entreprises : « Aimerais-tu que… ? »
(Cette étape est parfois sautée lorsqu'on offre de l'empathie)

Adresses

Pour toute information supplémentaire, vous pouvez contacter :
Le Centre international pour la Communication NonViolente

Adresse postale :
  2428 Foothill Blvd.
  Suite E, La Crescenta,
  CA 91 214

Tél. : 001-818-957-9393
Fax : 001-818-957-1424

Courriels :
  Aux États-Unis : cnvc@cnvc.org
  En Belgique :   cnvbelgique@skynet.be

En France :   acnvfrance@wanadoo.fr
En Suisse :   cnvsuisse@hotmail.com

Sites web :
www.cnvc.org
www.nvc-europe.org
www.reseaugirafesquebec.com (Québec)

Inbal Kashtan en quelques mots

Inbal Kashtan est la coordinatrice du projet « Être parent » *(Parenting Project)* du Centre international pour la Communication NonViolente. Elle anime également des ateliers publics et des retraites, dirige des formations en entreprise, codirige un programme de développement du leadership avec la CNV, et met au point des programmes d'apprentissage de la CNV. Inbal travaille actuellement à la rédaction d'un livre sur le rôle de parent avec l'aide de la CNV. Elle vit avec sa famille à Oakland, en Californie (États-Unis). Depuis plusieurs années, son meilleur professeur est son fils, qui lui apprend ce que cela signifie que de vivre dans la non-violence.

Certaines parties de ce livret ont été adaptées d'articles d'Inbal sur la CNV et le rôle de parent qui sont parus dans diverses publications américaines, comme *Mothering, Paths of Learning, California Homeschooler, New Beginnings, ou encore Neighborhood Parents Network*. Vous pouvez prendre contact avec Inbal à l'adresse électronique inbal@cnvc.org ou vous informer sur la manière de vous joindre au groupe d'échange par courriels sur le rôle de parent avec l'aide de la CNV sur le site web www.cnvc.org*.

---

* N.d.T. : groupes anglophones. Visiter aussi le site européen www.nvc-europe.org pour connaître les groupes francophones.

Également
aux Éditions Jouvence…

➤ **Les mots sont des fenêtres (ou des murs)**
Marshall B. Rosenberg
Introduction à la Communication NonViolente

Riche de 30 ans de pratique sur le terrain, l'auteur nous explique comment transformer les conflits latents en de paisibles dialogues, indique les moyens de rentrer dans une ère nouvelle, toute consacrée à la non-violence ! Un livre ? Un message de paix !

272 pages • 16,50 € / 29 CHF

➤ Éduquer sans punitions ni récompenses
Jean-Philippe Faure

Pourquoi ne pas envisager un enseignement prenant en compte l'écoute des besoins et des élans, favorisant ainsi l'intelligence de la pensée et celle du corps ?

96 pages
4,90 € / 9 CHF

➤ Nous arriverons à nous entendre !
Marshall B. Rosenberg

En cas de conflit, il ne suffit pas de trouver un compromis, mais de parvenir à un respect et à une vraie qualité de relation entre les différents partis. Voici comment y parvenir…

96 pages
4,90 € / 9 CHF

Envie de bien-être?
www.editions-jouvence.com
Le bon réflexe pour:

Être en prise directe:
- avec nos **nouveautés** (plus de 45 par année),
- avec nos **auteurs**: Jouvence attache beaucoup d'importance à la personnalité et à la qualité de ses auteurs,
- tout notre **catalogue**... plus de 300 titres disponibles,
- avec **les éditions Jouvence**: en nous écrivant et en dialoguant avec nous. Nous y répondrons personnellement!

Le site web de la découverte!

Achevé d'imprimer sur rotative par l'Imprimerie Darantiere à Dijon-Quetigny
en mai 2006 - Dépôt légal : mai 2006 - N° d'impression : 26-0846

Imprimé en France